Knaur
MensSana

Vom Dalai Lama sind außerdem erschienen:

Mein Leben und mein Volk – die Tragödie Tibets
Den Geist erwecken, das Herz erleuchten
Die Freude, friedvoll zu leben und zu sterben

Über den Autor:

Der Dalai Lama ist das geistige und weltliche Oberhaupt der Tibeter. Nach der Invasion der Chinesen im Jahre 1950 mußte er fliehen. Von seinem Exilwohnsitz in Nordindien aus ist er unermüdlich tätig für den Frieden, für Völkerverständigung und für eine bessere Welt. Für sein Engagement wurde Seine Heiligkeit der Vierzehnte Dalai Lama im Herbst 1989 auch mit dem Friedensnobelpreis geehrt.

Dalai Lama

Der Weg zur Freiheit

Zentrale tibetisch-buddhistische Lehren
Bibliothek Tibets

Aus dem Amerikanischen von
Peter Kobbe

Knaur
MensSana

Die amerikanische Originalausgabe erschien unter dem Titel
The Way to Freedom bei Harper, San Francisco

Besuchen Sie uns im Internet:
www.droemer-knaur.de

Deutsche Erstausgabe
Droemersche Verlagsanstalt Th. Knaur Nachf., München
März 2000
Dieser Titel ist bereits unter der Bandnummer 86106 erschienen.

Umschlaggestaltung: Agentur Zero, München
Umschlagabbildung: Image Bank, München/Julia Cameron
Satz: Ventura Publisher im Verlag
Druck und Bindung: Ebner Ulm
Printed in Germany
ISBN 3-426-87034-7

2 4 5 3 1

Inhalt

Einleitung

Die Lehren des Buddhismus anzuwenden bedeutet, einen Kampf zwischen den negativen und positiven Kräften im eigenen Geist zu führen.

Der Meditierende versucht, das Negative zu untergraben und das Positive zu entwickeln und zu steigern. Die Lehren in diesem Buch sind dazu da, den Geist umzuwandeln. Das Lesen oder Anhören eines einzigen Abschnitts kann von großem Nutzen sein.

Es gibt keine physischen Kennzeichen, an denen sich der Fortschritt im Kampf zwischen den positiven und negativen Bewußtseinskräften abschätzen ließe. Die Veränderungen setzen ein, wenn man zum ersten Mal seine Verblendungen, wie etwa Wut und Eifersucht, identifiziert und durchschaut. Dann muß man das Gegengift für Verblendung kennen, und diese Kenntnis gewinnt man beim Vernehmen der Lehren. Verblendungen sind nicht einfach zu beseitigen. Sie können nicht chirurgisch entfernt werden. Man muß sie erkennen; und dann können sie, durch die praktische Umsetzung dieser Lehren, Schritt für Schritt verringert und schließlich vollständig ausgemerzt werden.

Diese Lehren bieten die Mittel an, sich von Verblendung zu befreien – einen Pfad, der am Ende zur Freiheit von jeglichem Leid und zur Wonne der Erleuchtung führt. Je weiter man im Verständnis des Dharma, oder der buddhistischen Lehren, vorankommt, desto schwächer wird der Einfluß von Stolz, Haß, Gier und sonstigen negativen Empfindungen, die so viel Leid verursachen. Bringt man dieses Verständnis im Alltagsleben über Monate und Jahre hin zum Tragen, so wird der Geist dadurch nach und nach umgewandelt, denn der Geist ist der Veränderung unterworfen, obwohl man häufig den Eindruck hat, daß es sich anders verhält. Wenn du deinen jetzigen Geisteszustand mit deinem Geisteszustand nach der Lektüre dieses Buches vergleichen kannst, stellst du möglicherweise eine gewisse Besserung fest. Sollte das der Fall sein, dann haben diese Lehren ihren Zweck erfüllt.

Der Buddha erschien im gegenwärtigen Weltzeitalter vor über 2500 Jahren in der Gestalt von Shakyamuni, dem Weisen aus dem Stamme der Shakya. Er trat in den Mönchsstand ein und unterzog sich strengen Yogaübungen. Als er an dem nordindischen Ort Bodh Gaya in Meditation unter einem Baum saß, erlangte er vollkommene Erleuchtung. Anschließend daran erteilte er zahllose, auf unsere unterschiedlichen Interessen und Veranlagungen ausgerichtete Lehren. Manche belehrte er, wie man eine bessere Wiedergeburt erreicht, und andere, wie man die Befreiung aus dem Kreislauf von Geburt und Tod erreicht. Die umfangreichen und tiefgründigen Schriften, die diese Lehren oder Sutras enthalten, zeigen die Methoden und Mittel, die geeignet sind, allen Wesen zur Glückseligkeit zu verhelfen. Diese aus der Erfahrung des Buddha stammenden und logisch wohlfundierten Lehren können von jedem angewandt und erprobt werden.

In Tibet wurden die buddhistischen Lehren in konzentrierter Form zusammengestellt, um in einem einzigen Buch sämtliche Stufen des Pfads zur Erleuchtung zu enthüllen.

Bis zum heutigen Tag waren viele Menschen fähig, den Zustand vollkommener Erleuchtung zu erlangen, indem sie sich auf ebendiese Anweisungen verließen; sie sind für jeden geeignet, dessen Geist »ungezähmt« ist. Obwohl wir uns über den Schaden im klaren sind, den unsere Verblendungen verursachen, etwa den Schaden, den wir uns und anderen zufügen, wenn wir in Wut handeln, unterliegen wir immer noch ihrem Einfluß. So hält ein ungezähmter Geist nicht an, sobald er den Rand des Abgrunds erblickt, sondern er schleudert uns rücksichtslos hinab.

Wir wurden in diesen Leidenskreislauf durch unsere Verblendungen und die von ihnen hervorgerufenen Handlungen, die als Karma bezeichnet werden, hineingetrieben. Wegen des Ursache-Wirkung-Verhältnisses zwischen unseren Handlungen und unserer Erfahrung verbringen wir unser Leben im Ertragen von Höhen und Tiefen jeglicher Art, in Mühe und Verwirrung. Von der Last vergangener Taten und der Versklavung durch Begierde, Haß und Unwissenheit gänzlich frei zu sein, das nennt man Befreiung oder Nirwana. Sobald wir fähig sind, Verblendungen und Karma dadurch auszulöschen, daß wir die natürliche Reinheit des Geistes verwirklichen, tritt absoluter Friede ein, und wir erringen vollkommene Freiheit vom Leidenskreislauf.

Wenn wir gute Taten vollbringen können, etwa das Leben tödlich bedrohter Tiere retten, können wir die Bedingungen ansammeln, die erforderlich sind, um die Wiedergeburt als Mensch zu erlangen. Wenn wir die ernsthafte Ausübung des Dharma auf uns nehmen, werden wir imstande sein, unseren spirituellen Fortschritt in unseren künftigen Leben fortzusetzen. Aber das derzeitige Leben ist kostbar und nicht voraussagbar, und es ist wichtig, sich in der Praxis zu üben, solange wir die Gelegenheit dazu haben. Wir wissen nie, wie lange diese Gelegenheit andauern wird.

Was wir jetzt tun, hat, gemäß dem Gesetz des Karma, des Prinzips von Ursache und Wirkung, Konsequenzen für die Zukunft. Unsere Zukunft wird durch unseren gegenwärtigen Geisteszustand bestimmt, aber unser gegenwärtiger Geisteszustand ist von Verblendungen überwuchert. Wir sollten danach trachten, Erleuchtung zu erreichen. Wenn dies nicht möglich ist, sollten wir Freiheit von der Wiedergeburt zu erlangen suchen. Wenn dies nicht möglich ist, sollten wir zumindest die Saat für eine günstige Wiedergeburt im nächsten Leben anlegen, um dann nicht in niedere Existenzbereiche zu fallen. Der jetzige Zeitpunkt ist verheißungsvoll: Frei von Behinderungen können wir den Dharma hören und anwenden; diese seltene Gelegenheit dürfen wir nicht ungenutzt verstreichen lassen.

Unsere Selbstbefreiung vom Leiden ist jedoch nur ein Teil der Suche. So wie man selber nicht das geringste Leid will und sich nur Glückseligkeit wünscht, so tun dies alle anderen auch. In dieser Hinsicht sind alle Wesen gleich: Sie streben alle von Natur aus nach Glück und nach Freiheit vom Leid. Alle Wesen haben das gleiche Recht auf Glück und auf Freiheit vom Leid. Dies zu wissen und doch nur an unserer eigenen Befreiung zu arbeiten schränkt die innere Vollendung erheblich ein. Aber wenn wir unserer grundlegenden Motivation entsprechend fähig sein wollen, anderen zu helfen, können wir den Zustand der Allwissenheit erreichen und mit ihm das Vermögen, jedem Lebewesen zu nützen. Wir können selbst Buddhas (Erwachte/Erleuchtete) werden.

Wenn unser gegenwärtiger Geisteszustand ärmlich und unsere Fähigkeit begrenzt ist, wie können wir da die Wünsche anderer erfüllen? Der bloße Wunsch, ihnen zu helfen, reicht nicht aus. Zuerst müssen wir die Fähigkeit erlangen, die unterschiedlichen Bestrebungen anderer wahrzunehmen. Damit unsere Wahrnehmung klar ist, müssen wir all die Fehler ausmerzen, die uns davon abhalten, die Dinge so zu sehen, wie sie sind. Die Hindernisse für die Allwissenheit bestehen in den Prägungen, die von Verblendungen wie etwa Begierde, Wut, Stolz und Unwissenheit hinterlassen wurden. Auch nachdem Verblendungen ausgemerzt worden sind, behält der Geist ihre Prägungen. Aber weil das wahre Wesen des Geistes klar, rein und wissend ist, ist es möglich, den Geist von Grund auf zu läutern und so jene Bewußtseinsklarheit zu gewinnen, die man Allwissenheit nennt.

Das Hauptmotiv, das den Buddha dazu drängte, all seine überragenden Vorzüge auf leiblicher, sprachlicher und geistiger Ebene zu erringen, war das Mitgefühl. Auch die Grundtendenz unseres Handelns sollte in dem Wunsch bestehen, anderen zu helfen. Ein derartiger altruistischer Wunsch ist von Natur aus in unserem Herzen vorhanden, und zwar in dem Eingeständnis, daß andere hinsichtlich ihres Verlangens, glücklich zu sein und Leid zu vermeiden, genauso sind wie wir selbst. Es gleicht einer Saat, der wir durch Praxis Schutz gewähren und zum Wachstum verhelfen können. Alle Lehren des Buddha versuchen in erster Linie, diese Herzensgüte und altruistische Gesinnung herauszubilden. Der Pfad des Buddha beruht auf dem Wunsch, daß andere frei von Leid sein mögen. Das führt uns zu der Einsicht, daß das Wohl anderer letztlich wichtiger ist als unser eigenes, denn ohne andere hätten wir keine spirituelle Praxis, keine Gelegenheit zur Erleuchtung. Ich behaupte nicht, großes Wissen oder einen hohen Verwirklichungsgrad zu besitzen, aber ich biete dir diese Lehren an im Gedenken an die Güte meiner Lehrer, die mir diese Unterweisungen gaben, und in der Sorge um das Wohl aller Wesen.

Kapitel 1

Die Lehre

Vor 2500 Jahren erhob sich der Buddha von der Meditation, nachdem er Erleuchtung erlangt hatte. Seine erste Lehre hatte die Vier Edlen Wahrheiten zum Gegenstand.

Die Erste Edle Wahrheit ist die Wahrheit des Leidens, die Tatsache, daß unser Glück fortwährend dahinschwindet. Alles, was wir haben, ist der Unbeständigkeit unterworfen. Nichts von dem, was wir normalerweise für wirklich halten, hat Bestand. Unwissenheit, begehrliches Anhaften und Wut sind die Ursachen unseres unablässigen Leidens. So liegt die Zweite Edle Wahrheit darin, diese Leidensursache zu begreifen. Wenn man die Wurzel des Leidens (die Verblendungen) ausreißt, erreicht man einen Zustand der Leidensbeendigung – die Dritte Edle Wahrheit oder das Nirwana. Die Vierte Edle Wahrheit lautet, daß es einen Pfad gibt, der zur Leidensbeendigung führt. Um diesen Zustand im eigenen Geist zu erreichen, muß man dem Pfad folgen.

Erst wenn wir das Karmagesetz, oder das Gesetz von Ursache und Wirkung, begreifen, werden wir dazu angeregt, uns auf den Pfad einzulassen, der dem Leiden ein Ende macht. Negative Gedanken und Handlungen erzeugen negative Auswirkungen und Bedingungen, ebenso wie positive Gedanken und Handlungen positive Auswirkungen und Bedingungen erzeugen. Wenn wir hinsichtlich der Geltung des Ursache-Wirkung-Gesetzes eine tiefe innere Gewißheit entwickeln, werden wir fähig sein, die Ursachen und Bedingungen unserer eigenen Leiden zu erfassen. Unser gegenwärtiges Glück oder Unglück ist nicht mehr und nicht weniger als die Auswirkung vorausgegangener Handlungen. Die Leiden selbst sind offenkundig: Unsere Erfahrung bezeugt ihr Vorhandensein. Wir werden daher zu der Einsicht kommen, daß wir, wenn wir das Leiden nicht wollen, hier und jetzt daran arbeiten sollten, seine Ursachen auszumerzen. Indem wir das Leid und seine Ursprünge begreifen, können wir die Möglichkeit wahrnehmen, die Unwissenheit, die Hauptursache des Leidens, zu beseitigen; und wir können uns einen Zustand der Beendigung vorstellen, einer absoluten Aufhebung dieser Unwissenheit und der von ihr ausgelösten Verblendungen.

Sobald unser Verständnis der Beendigung vollkommen ist, werden wir ein starkes und spontanes Bedürfnis entwickeln, einen solchen Zustand zu erreichen. Unser Verständnis sollte so tiefgreifend sein, daß es unsere ganze Existenz erschüttert und in uns den spontanen Wunsch auslöst, ihn zu erlangen. Wenn wir erst einmal diesen spontanen Wunsch entwickeln, die Beendigung zu erreichen, entfaltet sich eine immense Aufgeschlossenheit für jene Wesen, die diese Beendigung in ihrem eigenen Geist realisiert haben. Was der Buddha erreicht hat, wird deutlich. Die Vorteile und die Schönheit seiner Lehren werden klar.

Diese Lehre von den Stufen des Pfades zur Erleuchtung gelangte von Indien nach Tibet. Der Buddhismus kam zwar erst im 8. Jahrhundert nach Tibet, aber schon im 9. Jahrhundert wurde seine Ausübung von König Lang-dar-ma verboten. Er ließ die Klöster schließen, die die wichtigsten Lehrzentren gewesen waren, so wie es die Chinesen heutzutage tun. Lang-dar-mas Zerstörung des Buddhismus war weitreichend, aber in abgelegenen Regionen war es immer noch möglich zu praktizieren, und die Tradition wurde bewahrt.

Im 11. Jahrhundert entstand Verwirrung über das Vorhandensein von zwei Zugängen zur praktischen Umsetzung der Lehren. Es gab das *Sutra* oder den Pfad des Studiums und der Ausübung, nach dem viele Leben erforderlich sind, um Erleuchtung zu erreichen, und das *Tantra,* die geheimen Praktiken, nach denen Erleuchtung auch in nur einer Lebenszeit erreicht werden kann. Im 11. Jahrhundert wurde ein indischer Mönch namens Atisha wegen seiner Fähigkeit berühmt, die Lehren des Buddha verständlich zu machen und sie im Disput mit nicht-buddhistischen Philosophen zu verteidigen. Er war imstande, all die unterschiedlichen philosophischen Ansätze des Buddhismus, die sich über die Jahrhunderte entwickelt hatten, gleichermaßen in Einklang zu bringen wie die dem Laienstand und dem Mönchstum zugehörigen Systeme der Praxis. Er galt bei allen philosophischen Schulen als unparteiischer und maßgeblicher Meister.

Zu jener Zeit las der König von Westtibet, angeregt durch den großen buddhistischen Glauben seiner Vorfahren, viele Texte und meinte darin Widersprüche zwischen den verschiedenen Systemen, insbesondere zwischen Sutra und Tantra, zu entdecken. Es gab ein Mißverständnis über die jeweilige Funktion des ethischen Verhaltens in den beiden Systemen: Viele Tibeter dachten zu jener Zeit, daß die Praktiken von Sutra und Tantra nicht von ein und derselben Person unternommen werden könnten. Doch der König war sich bewußt, daß die beiden Systeme im 8. Jahrhundert, als der Buddhismus in Tibet Fuß faßte, friedlich nebeneinander existiert hatten.

Der indische Meister Shantirakshita hatte sowohl die Praxis

der monastischen Disziplin als auch die weltoffenen und mitfühlenden Praktiken des Sutra verbreitet. Zur gleichen Zeit verbreitete der große Yogi Padmasambhava die Praktiken des Tantra und zähmte die dämonischen Gewalten, die Tibet quälten. Beide Meister nahmen jeweils die Praktiken des Dharma auf sich, ohne daß irgendeine Feindseligkeit zwischen ihnen bestanden hätte. Da der König erkannte, daß Indien die Quelle von Sutra und Tantra war, sandte er zwanzig intelligente Studenten aus Tibet zum Studium nach Indien, die dann nach ihrer Rückkehr Klarheit in die Lehren bringen sollten. Viele von ihnen starben unterwegs, aber zwei kehrten zurück und berichteten dem König, daß man in Indien die Ausübung des Sutra und des Tantra ohne irgendwelche Mißhelligkeiten zwischen den beiden Systemen vollziehen würde. Sie hatten im Kloster Vikramashila in Bengalen den großen Meister Atisha entdeckt. Atisha, so ahnten diese Studenten, war der, der Tibet helfen konnte. Der König selbst ging auf die Suche nach dem Gold, das erforderlich war, um die Kosten für die Einladung dieses Meisters aus Indien zu decken, aber er wurde von einem König gefangengenommen, der dem Buddhismus feindlich gesinnt war. Man stellte ihn vor die Wahl zwischen seinem Leben oder seiner Suche nach dem Dharma. Als er sich weigerte, seine Suche aufzugeben, warf man ihn ins Gefängnis. Sein Neffe versuchte, ihn zu retten, aber der König sagte: »Du solltest dir meinetwegen keine Sorgen machen. Gib auch nicht eine Goldmünze für meinen Freikauf aus. Verwende das ganze Gold dazu, Atisha aus Indien einzuladen.« Der Neffe gehorchte seinem Onkel nicht und bot schließlich das Gewicht des Königs in Gold als Lösegeld an. Aber der Erpresser schlug dies aus; er sagte, der Neffe hätte nur Gold im Gegenwert für den Körper seines Onkels, aber nicht genug für dessen Kopf beschafft. Er weigerte sich, den

Gefangenen freizulassen, ehe er nicht noch mehr Gold beschafft hätte.

Der Neffe berichtete dann seinem Onkel, was geschehen war. »Wenn ich einen Krieg führe, um dich zu erretten«, erklärte der Neffe, »dann wird es ein großes Blutvergießen geben. Darum will ich versuchen, das Gold für deinen Kopf zu sammeln. Bitte bete, daß es mir gelingt!« Sein Onkel erwiderte: »Es ist mein Wunsch, das Licht des Dharma nach Tibet zu bringen, um alle Zweifel und Widersprüche zu klären. Wenn mein Wunsch in Erfüllung geht, werde ich nichts bereuen, auch wenn ich hier sterben muß. Ich bin ein alter Mann; früher oder später muß ich ohnehin sterben. Viele Male bin ich wiedergeboren worden, aber nur ganz selten war ich imstande, mein Leben um des Dharma willen aufzuopfern. Heute gewährt man mir diese Gelegenheit. Darum sende Atisha Nachricht und lasse ihn persönlich wissen, daß ich mein Leben geopfert habe, um ihn nach Tibet einladen zu können, und daß es mein letzter Wunsch ist, er möge nach Tibet kommen und die Botschaft des Buddha verbreiten und unsere Mißverständnisse klären.«

Der Neffe war tief bewegt, als er den Entschluß seines Onkels vernahm. Von Trauer überwältigt sagte er seinem Onkel Lebewohl.

Der Neffe sandte eine Gruppe tibetischer Übersetzer nach Indien, die Atisha ausfindig machen sollten. Die sechs Gefährten, die 700 Goldmünzen bei sich hatten, kamen endlich in Atishas Kloster an, wo man sie sogleich dem Abt vorstellte. Obwohl sie über den Zweck ihres Kommens nichts verlauten ließen, sagte der Abt zu ihnen: »Nicht daß ich etwa irgendeinen Besitzanspruch auf Atisha hätte, aber Meister wie ihn gibt es nur sehr wenige; und wenn er Indien verlassen sollte, geriete der Dharma selbst und demzufolge die gesamte Bevölkerung in große Gefahr. Seine Anwesenheit in Indien ist sehr wichtig.« Einem der tibetischen Übersetzer war es schließlich möglich, Atisha zu sprechen, und die Tränen standen ihm in den Augen. Atisha bemerkte es und sagte: »Gräm dich nicht! Ich weiß von dem großen Opfer, das der tibetische König meinetwegen brachte. Ich ziehe sein Ersuchen ernsthaft in Betracht, aber ich bin ein alter Mann, und ich habe zudem die Verpflichtung, mich um das Kloster zu kümmern.« Doch schließlich war Atisha bereit, nach Tibet zu kommen. Nach seiner Ankunft in Westtibet wurde er von dem Neffen des Königs gebeten, einen Text zu verfassen, der der ganzen buddhistischen Lehre in Tibet zugute kommen würde. Er hinterließ uns das Werk *Die Lampe auf dem Pfad zur Erleuchtung*, das alle wesentlichen Pfade aus der Gesamtheit der Lehren in einer für die eigentlichen Bedürfnisse des tibetischen Volkes passenden Form zusammenfaßt.

Anfang des 15. Jahrhunderts schrieb der tibetische Lehrer Tsong-kha-pa ein Buch mit dem Titel *Lam Rim* oder *Stufen des Pfads zur Erleuchtung.* Er bearbeitete Atishas Text und machte dessen ganzheitliche Darstellung noch anwendbarer und zugänglicher für jedermann. Das *Lam Rim* bildet die Grundlage für die in diesem Buch enthaltene Lehre.

Indem das *Lam Rim* alle Stufen des Pfads zur Erleuchtung behandelt, zeigt es auch, wie jede einzelne Lehre jeweils in sich vollständig ist – wie der Dharma sowohl das Sutra, den allgemeinen Pfad, als auch das Tantra, den geheimen Pfad, in sich schließt. Obwohl diese Lehren möglicherweise hin und wieder den Anschein der Widersprüchlichkeit erwekken, sind sie widerspruchsfrei, wenn man sie angemessen, in einem schrittweisen Prozeß praktiziert. Als Leitlinien für den Pfad zur Erleuchtung sind sie allesamt von Bedeutung. Manche glauben, esoterische Praktiken ohne Verständnis der grundlegenden buddhistischen Lehren vollziehen zu können. Ohne den regulären Unterbau des allgemeinen Pfades kann man im Tantra keinerlei Fortschritte machen. Ohne den von Mitgefühl getragenen Wunsch, Erleuchtung zu erlangen, um jeden zur Freiheit zu führen, wird das Tantra bloß zu einer oberflächlichen Mantra-Rezitation[1]; tantrische Praxis wird dann auf das Spielen von Instrumenten, etwa von Zimbeln oder Röhrenknochen-Trompeten, eingeschränkt. Im Sutra von der Vollkommenheit der Weisheit[2] heißt es, daß das Praktizieren von Freigebigkeit, sittlichem Verhalten, Geduld, Anstrengung, Konzentration und Weisheit der einzige Pfad ist, den alle Buddhas der Vergangenheit, ob sie nun sutra- oder tantraorientiert waren, auf die Erleuchtung hin beschritten haben. Wenn man die allgemeinverbindliche Grundlinie des Pfades verläßt, begeht man einen großen Fehler.

Daher rät der große Meister Tsong-kha-pa, der Verfasser von *Stufen des Pfads zur Erleuchtung*, den Übenden, die Führung eines erfahrenen spirituellen Meisters zu suchen und sich zu bemühen, sämtliche Lehren des Buddha als für ihre Praxis geeignet und bedeutsam zu begreifen. Jene Aspekte, die nicht augenblicklich in Praxis umgesetzt werden können, sollte man nicht fallenlassen. Bitte vielmehr innerlich darum, daß du imstande sein mögest, sie irgendwann in der Zukunft in Praxis umzusetzen. Wenn du zu einer solchen Einstellung fähig bist, wird deine Sicht und Auffassung von den Lehren des Buddha sehr tief gehen.

Für einen Übenden ist der gesamte buddhistische Kanon notwendig und bedeutsam. Wenn einer ein Thangka (eine tibetische buddhistische Schriftrolle) malt, muß er sich als Künstler dessen voll bewußt sein, daß alle Arten von Farbe nötig sind. Aber das reicht nicht aus; er oder sie sollte wissen, wann jede einzelne Art von Farbe benötigt wird: Zunächst wird der Umriß gemalt, und dann werden die Farben hinzugefügt. Es ist äußerst wichtig, ihre genau festgelegte Reihenfolge zu kennen. In ähnlicher Weise müssen wir die Bedeutsamkeit aller Lehren des Buddha kennen und zudem auch wissen, wann und wie man sie anwenden sollte. Sobald diese Faktoren geistig präsent sind, werden sämtliche mit deiner Praxis verknüpften Unklarheiten und Schwierigkeiten auf natürlichem Wege ausgeräumt.

Wenn ich über die Praxis des Dharma spreche, dann meine ich damit nicht ein Sich-Loslösen von allem und ein Sich-Zurückziehen in die Abgeschiedenheit. Ich meine einfach, daß wir eine höhere Ebene des Gewahrseins in unser Alltagsleben integrieren sollten. Ob wir nun essen oder schlafen oder beruflich tätig sind: Ständig sollten wir unsere Absichten überprüfen, unseren Körper, unsere Rede, unseren Geist und unsere Handlungen auf jede noch so subtile Negativität hin überprüfen. Versuche, deine tagtäglichen Aktivitäten mit einer von Mitgefühl getragenen Grundhaltung in Übereinstimmung zu bringen. Durchdringe deine körperlichen, sprachlichen und geistigen Handlungen mit der aus dem Hören der Lehren und aus der Praxis gewonnenen Weisheit. Freilich, wenn jemand imstande ist, alles aufzugeben und sein oder ihr Leben der Praxis zu weihen, dann verdient dieser Mensch Bewunderung.

Das Studium gleicht dem Licht, das das Dunkel der Unwissenheit erhellt, und die daraus erwachsende Erkenntnis ist der kostbarste Besitz, denn sie kann selbst von den größten Dieben nicht entwendet werden. Das Studium ist die Waffe, die den Feind Unwissenheit vertilgt. Es ist auch der beste Freund: Es leitet uns durch alle unsere schweren Zeiten. Wahre Freunde gewinnen wir dank eines gütigen Herzens und indem wir die Menschen nicht täuschen. Die Freundschaften, die wir schließen, wenn wir Macht, Stellung und Einfluß haben, basieren auf nichts anderem als unserer

Macht, unserem Einfluß und unserer Stellung. Wer unter dieser Bedingung zu unserem sogenannten Freund wird, der läßt uns im Stich, sobald uns ein Unglück widerfährt und wir unseren Reichtum verlieren. Der unfehlbare Freund ist das Studium der Lehren. Dies ist eine Medizin, die keine Nebenwirkungen oder Gefahren mit sich bringt. Die Erkenntnis gleicht der großen Armee, die uns helfen wird, die Kräfte unserer eigenen Fehler zu zerschmettern. Mit dieser Erkenntnis können wir uns davor schützen, nicht-tugendhafte Handlungen zu begehen. Jemandes Ruhm, Stellung und Reichtum mögen sich aus seinem Wissen ergeben; aber nur das Studium und die Praxis, die dem Beseitigen der Verblendung gewidmet sind, ziehen das bleibende Glück der Erleuchtung nach sich.

Ohne die Kenntnis der Lehren wird es zu keiner Verwirklichung kommen. Die Lehren, die wir empfangen, sind dazu da, gelebt zu werden. Wenn wir ein Pferd für ein Rennen trainieren, dann sollte dies auf derselben Strecke geschehen, auf der man das Rennen veranstalten wird. In ähnlicher Weise sind die Themen, die du studierst, genau die Lehren, die du in die Praxis umsetzen solltest. Das Studium unternimmt man um der Praxis willen. Tsong-kha-pa sagt: Wenn du fähig bist, die tiefen und umfassenden Sutras als persönlichen Rat zu empfinden, wird es dir keinerlei Schwierigkeiten bereiten, auch die Tantras und ihre Erläuterungen als persönlichen Rat zu empfinden, der auf dem zur Erleuchtung führenden Pfad in Praxis umgesetzt werden soll. Dies bewahrt uns vor der irrigen Auffassung, bestimmte Teile der Lehre seien für die Praxis unnötig, und bestimmte Teile der Lehre seien nur für die akademische Bildung relevant.

Uns mit gefalteten Händen zu verneigen, bevor wir Lehren empfangen, ist eine Methode, dem Stolz und Dünkel entgegenzuwirken. Manchmal begegnest du Menschen, die weniger über den Dharma wissen als du, aber mehr Sinn für Bescheidenheit und Achtung haben. Aufgrund deiner Kenntnis des Dharma solltest du bescheidener sein als der andere. Ist dies nicht der Fall, dann bist du es, der jenem anderen untergeordnet ist. Versuche also beim Studium, deinen eigenen Geisteszustand zu überprüfen, und beziehe das, was du studierst, in deine Denkweise ein. Beherzigst du dies, dann wirst du eine Stufe erreichen, auf der du eine gewisse Wirkung, Beeinflussung oder Veränderung in deinem Geist beobachten kannst. Dies ist ein Indiz dafür, daß du in der Praxis Fortschritte machst und daß das Studium seinen Zweck erfüllt hat.

Die Verblendungen zu bezwingen ist eine lebenslange Aufgabe. Wenn wir imstande sind, uns nachhaltig der Praxis zu widmen, werden wir über die Monate und Jahre hin eine Umwandlung des Geistes bemerken. Aber wenn wir eine sofortige Verwirklichung oder eine sofortige Zähmung der Gedanken und Gefühle erwarten, werden wir mutlos und deprimiert werden. Der aus dem 11. Jahrhundert stammende Yogi Milarepa, einer der größten Meister in der Geschichte Tibets, lebte jahrelang wie ein wildes Tier und erduldete große Not, um eine hohe Stufe der Verwirklichung erreichen zu können. Wenn wir imstande wären, einen derartigen Einsatz an Zeit und Energie zu erbringen, dann könnten wir den Nutzen, der sich aus unserer Praxis ergibt, schneller erkennen.

Sofern wir irgendeinen Glauben an die Wirksamkeit der Lehren haben, ist es wichtig, daß wir unverzüglich ein Überzeugtsein vom Wert der Praxis entwickeln. Um auf dem Pfad vorwärtszukommen, ist es wichtig, ein echtes Verständnis des Pfades zu erlangen, und dies läßt sich nur durch das Anhören einer Lehre erreichen. Entwickle also die feste

Entschlossenheit, um aller anderen empfindenden Wesen willen den Zustand vollkommener Erleuchtung zu erreichen, und höre oder lies mit dieser Motivation die vorliegende Lehre.

Sobald jemand den Dharma lehrt, dient er oder sie als der Botschafter der Buddhas. Ungeachtet des tatsächlichen Verwirklichungsgrades des Meisters ist es für den Zuhörer wichtig, den Lehrer als vom Buddha untrennbar zu betrachten. Hörer sollten keine Zeit daran verschwenden, über die Mängel des Meisters nachzudenken. In den Jataka-Geschichten[3] heißt es, daß man auf einem ganz niedrigen Schemel sitzen und mit gezähmtem Geist und großer Freude das Gesicht des Meisters anschauen und den Nektar seiner oder ihrer Worte trinken sollte, gerade so wie Patienten aufmerksam die Worte des Arztes anhören. Der Buddha sagte, daß man sich nicht auf die Person des Meisters, sondern vielmehr auf die Lehre verlassen sollte, auf das Wesentliche seiner oder ihrer Lehre, die Botschaft des Buddha. Unter dem Gesichtspunkt der Heiligkeit der Lehre selbst ist die Achtung vor dem Meister sehr wichtig.

Wenn wir Lehren anhören oder lesen, gleichen wir einer Vase, die zum Sammeln von Weisheit da ist. Steht die Vase auf dem Kopf, dann könnten die Götter Nektar herabregnen lassen, und er würde doch nur außen an der Vase herunterrinnen. Ist das Gefäß verschmutzt, würde der Nektar verderben. Hat die Vase ein Loch, würde der Nektar auslaufen. Wir können wohl bei einer Belehrung anwesend sein, aber wenn wir leicht abzulenken sind, dann gleichen wir einem Gefäß, das auf dem Kopf steht. Wir können wohl aufmerksam sein, aber wenn unsere innere Einstellung von negativen Absichten beherrscht wird, etwa indem wir die Lehre anhören, um unsere überlegene Intelligenz zu beweisen, dann gleichen wir einem verschmutzten Gefäß. Schließlich können wir wohl frei von diesen Fehlern sein, aber wenn wir uns die Lehren nicht zu Herzen nehmen, dann ist das so, als ob wir sie zum einen Ohr hinein- und zum anderen wieder hinauslieBen. Wenn die Belehrung vorbei ist, werden wir völlig leer sein, so als ob wir die Lehre beim Weggehen nicht bis über die Türschwelle mitnehmen könnten. Deshalb ist es eine gute Idee, sich Notizen zu machen oder heutzutage ein Tonbandgerät zu benutzen. Die Fähigkeit, die Lehren zu behalten, hängt vom Grad der Vertrautheit mit ihnen ab.

In einer Unterredung mit Khun-nu Lama[4] schilderte dieser anschaulich Vorkommnisse aus seinem Leben, die lange vor meiner Geburt stattgefunden hatten. Ich bin jetzt 59, und ich neige dazu, selbst die Texte zu vergessen, die ich gerade studiere. Khun-nu Lama sagte, wenn man nicht beständig studiere, dann rühre dies daher, daß man nicht von freudiger Bemühung durchdrungen ist, und ich glaube, das stimmt durchaus. Da mir die Zeit fehlt, lese ich einen Text nicht mehrfach; ich lese ihn bloß einmal durch und bekomme dann eine Art Gesamteindruck, worum es darin geht. Da ich eine relativ gute Intelligenz besitze, lese ich Texte sehr schnell, aber ich lese sie nicht mehrmals. Wie es im Sprichwort heißt: Der Mensch mit großer Intelligenz gleicht einem brennenden Feld – das Feuer geht rasch vorbei.

Bei der neunmaligen Lektüre von Tsong-kha-pas *Stufen des Pfads zur Erleuchtung* werden sich dir neun unterschiedliche Verstehensebenen des Textes erschließen. Wenn du einen Zeitungsartikel einmal durchliest, gibt es häufig keinen Grund, ihn nochmals zu lesen; es macht dir keinen Spaß, du langweilst dich nur. Wenn du tiefgründige und glänzend formulierte Texte zum zweiten, dritten und vierten Mal liest, wirst du bisweilen überrascht feststellen, daß du, trotz vielfacher Lektüre, über diesen oder jenen Aspekt hinweggelesen hast. Manchmal kommst du zu einem neuen Verständnis, und eine andere Sicht erschließt sich dir; darum ist ständige Vertrautheit die grundlegende Methode für das Nicht-Vergessen. Wer Allwissenheit erlangen will, sollte konzentriert, achtsam und innerlich demütig sein, angetrieben von dem Wunsch, anderen empfindenden Wesen zu helfen, sich geistig voll zuwenden, den spirituellen Meister mit den Augen anschauen und ihm mit den Ohren zuhören.

Es ist auch wichtig, Lehren mit der richtigen Einstellung anzuhören. Vor allem sollte man sich als Patienten und den Lehrer als den Arzt anerkennen. Der große indische Dichter Shantideva sagt, daß wir, sobald wir von gewöhnlichen Krankheiten heimgesucht werden, uns nach dem Wort des Arztes richten müssen. Da wir von Hunderten von Krankheiten heimgesucht werden, die durch Verblendungen wie Begierde und Haß verursacht sind, ist es gar keine Frage, daß wir uns nach dem Wort eines Lehrers richten sollten. Verblendungen sind sehr heimtückisch. Wenn eine Verblendung wie etwa die Wut zugegen ist, verlieren wir die Beherrschung. Sorgen, die auf das begehrliche Anhaften zurückzuführen sind, hindern uns daran, zu schlafen oder eine Mahlzeit zu genießen. Genauso wie ein Patient in der Regel die ihm vom Arzt gegebenen Arzneien für sehr wertvoll hält und achtgibt, daß er sie nicht vergeudet, sollte man auch von einem spirituellen Meister gegebene Lehren als etwas Wertvolles wahren.

Damit der Patient die Krankheit los wird, muß er die Arznei einnehmen. Ein Fläschchen Arznei bloß zu haben wird nichts helfen. In ähnlicher Weise müssen wir, um unseren Geist von der chronischen Verblendungskrankheit zu befreien, die Lehren in Praxis umsetzen, und allein durch die Praxis werden wir imstande sein, uns von der Verblendungskrankheit zu befreien. Schon auf kurze Sicht gilt: Je größer die Kraft deiner Geduld ist, desto schwächer wird deine Wut, und desto größer wird deine Achtung vor anderen sein. Während dein Stolz und dein Dünkel sich verringern, nimmt der Einfluß der Verblendungen langsam ab. Tsongkha-pa sagt: Jemand, der an der chronischen Krankheit Lepra leidet, kann sie nicht dadurch loswerden, daß er ein- oder zweimal Arznei einnimmt; man muß sie fortwährend einnehmen. Auf die gleiche Weise ist unser Geist seit anfangsloser Zeit fortwährend in der Gewalt von Verblendungen. Wie können wir da hoffen, ihn dadurch zu befreien, daß wir uns bloß ein- oder zweimal auf die Praxis einlassen? Wie können wir hoffen, eine Krankheit dadurch zu heilen, daß wir bloß einen medizinischen Text lesen?

Innerhalb des tibetischen Buddhismus gibt es vier Schulen: Nyingma, Sakya, Gelug und Kagyü. Es ist ein großer Fehler zu behaupten, eine dieser Schulen sei den anderen übergeordnet. Sie folgen allesamt demselben Meister, dem Buddha Shakyamuni; sie alle verknüpfen die Systeme Sutra und Tantra. Ich versuche, den Glauben an alle vier Schulen und die Bewunderung für sie zu fördern. Das ist für mich mehr als nur eine diplomatische Geste – ich tue es aus vollster Überzeugung. Außerdem gehört es zu meiner Stellung als Dalai Lama, über die Lehren aller vier Schulen genug zu wissen, um jenen, die zu mir kommen, einen Rat geben zu können. Andernfalls gliche ich einer Mutter ohne Arme, die mit ansieht, wie eines ihrer Kinder ertrinkt.

Einmal suchte mich ein Meditierender der Nyingma-Schule auf, um mich über eine bestimmte Praxis, die ich nicht gut kannte, zu befragen. Es war mir möglich, ihn an einen großen Meister zu verweisen, der seine Frage beantworten konnte, aber es deprimierte mich, daß er in der ehrlichen Absicht gekommen war, bei mir Belehrung zu suchen, und ich ihm seinen Wunsch nicht erfüllen konnte. Es läßt sich nicht ändern, wenn man den Wunsch eines anderen aus eigener Kompetenz einfach nicht erfüllen kann, aber sofern es die eigenen Fähigkeiten nicht übersteigt, ist es sehr wichtig, den spirituellen Bedürfnissen von möglichst vielen empfindenden Wesen gerecht zu werden. Wir müssen alle Aspekte der Lehren studieren und Bewunderung für sie entwickeln.

Auch sollten wir nicht meinen, der tibetische Buddhismus sei anderen Formen des Buddhismus überlegen. In Thailand, Burma und Sri Lanka sind die Mönche fest in die Praxis klösterlicher Disziplin eingebunden, und sie haben im Unterschied zu den tibetischen Mönchen den Brauch beibehalten, um Speisen zu betteln, der vor 2500 Jahren vom Buddha und seinen Schülern befolgt wurde. In Thailand schloß ich mich einer Gruppe von Mönchen auf ihrem Bettelgang an. Es war ein heißer, sonniger Tag, und da es der Brauch ist, ohne Schuhe zu gehen, brannten meine Füße wie Feuer. Abgesehen davon war es inspirierend, die Praxis der Thai-Mönche mitzuerleben.

Heutzutage sehen viele Menschen nur das Negative in der Praxis einer spirituellen Überlieferung oder Religion. Sie sehen nur, wie religiöse Institutionen die Massen ausbeuten und ihnen ihren Besitz wegnehmen. Die Mängel, die sie sehen, sind jedoch nicht Fehler der Traditionen selbst, sondern der Personen, die für sich beanspruchen, Repräsentanten derartiger Traditionen zu sein, wie etwa die Mitglieder von Klöstern oder Kirchen, die einen spirituellen Vorwand dazu benutzen, sich auf Kosten anderer Anhänger besserzustellen. Wenn Anhänger eines spirituellen Weges verantwortungslos sind, dann wirft das ein schlechtes Licht auf jeden, der an derselben spirituellen Praxis teilhat. Versuche, institutionalisierte Fehler zu korrigieren, werden häufig als Angriff auf die gesamte Tradition mißdeutet.

Viele Menschen kommen zu dem Schluß, Religion sei schädlich und könne ihnen nicht helfen. Sie lehnen jede Form von Glauben ab. Andere sind gegenüber spiritueller Praxis völlig gleichgültig und mit ihrer weltlichen Lebensweise zufrieden. Sie haben physischen und materiellen Komfort und sind weder für noch gegen Religion. Doch alle sind sich darin gleich, daß sie den instinktiven Wunsch haben, Glück zu erlangen und Leid zu vermeiden.

Wenn wir die spirituelle Praxis oder im vorliegenden Fall den Buddhismus aufgeben, schenken wir dem Gesetz des Karma keinen Glauben mehr und hören auf, unser Unglück als Konsequenz vergangener negativer Handlungen zu begreifen. Es erscheint dann vielleicht als Auswirkung von Mängeln innerhalb der Gesellschaft oder unserer Umgebung oder als Folge der Handlung eines Freundes. Wir gehen dann dazu über, anderen sogar an Dingen die Schuld zu geben, die wir uns ganz offenbar selbst zuzuschreiben haben. Dieses Schuldgeben wird ichbezogene Einstellungen wie etwa begehrliches Anhaften und Haß verstärken. Durch den Einfluß solcher verblendeten Haltungen werden wir abhängig von unserem Besitz und von Mißtrauen oder gar Paranoia gepeinigt.

Die chinesischen Kommunisten gaben die Religion um dessentwillen auf, was sie als Befreiung ansahen. Sie nennen einander Genossen und brachten im Ringen um die Befreiung ihres Landes in der Vergangenheit große Opfer. Aber nachdem sie an die Macht gelangt waren, schufen sie politische Rivalitäten, und jetzt bekämpfen sie sich häufig gegenseitig. Der eine sucht den anderen zu übervorteilen, und schließlich ruiniert der eine den anderen. Obwohl der Sozialismus die edle Absicht hat, auf das Gemeinwohl der Massen hinzuarbeiten, haben die Mittel zum Erreichen dieses Zwecks das Volk in feindliche Lager gespalten, und die Haltung der Menschen hat sich auf Konfrontation eingependelt. In dieser Form ist der Kommunismus so zerstörerisch geworden, daß die ganze Energie des Regimes eher auf Unterdrückung als auf Befreiung abzielt.

Im Gegensatz zu den Kommunisten haben viele große Anhänger spiritueller Praxis den buddhistischen Pfad beschritten und ihr Leben auf der Grundlage von Liebe und Mitgefühl geführt. Mit solchen Motiven bestünde deine Grundintention darin, für das Wohl empfindender Wesen zu arbeiten, um derentwillen du versuchst, positive Geisteszustände herauszubilden. Selbst wenn der von den chinesischen Kommunisten in Tibet angerichtete Schaden durch ein ebenso weitreichendes positives Programm wettgemacht worden wäre, bezweifle ich, daß sie in der Lage gewesen wären, viel zur Verbesserung der Gesellschaft beizutragen, da ihnen die Motivation des umfassenden Mitgefühls fehlt. Wenn wir uns Karl Marx' eigenes Leben und den tatsächlichen Ursprung des Marxismus ansehen, dann stellen wir fest, daß Karl Marx zeit seines Lebens große Not litt und für den ständigen Kampf zum Sturz der bürgerlichen Klasse eintrat. Seine Einstellung basierte auf Konfrontation. Wegen dieses Anfangsmotivs ist die gesamte kommunistische Bewegung gescheitert. Wenn das Anfangsmotiv auf Mitgefühl und Selbst-losigkeit basiert hätte, wäre die Sachlage ganz anders gewesen.

Viele, denen jede Art spiritueller Praxis gleichgültig ist, sind in den Industriestaaten materiell gut situiert, aber auch dann sind sie vollkommen unzufrieden. Obgleich sie wohlhabend sind, sind sie unbefriedigt. Sie leiden unter dem quälenden Drang, mehr zu wollen, so daß sie zwar materiell vermögend, aber geistig arm sind. Wenn sie dann feststellen, daß sie all das, wonach sie sich sehnen, nicht erreichen können, fangen die Probleme erst richtig an. Sie werden deprimiert, und Existenzangst schleicht sich ein. Ich habe mit einigen meiner Freunde gesprochen, die sehr vermögend sind, aber wegen ihrer materiellen Lebensauffassung sind sie von ihren Geschäften ganz in Anspruch genommen und schaffen keinen Freiraum für eine Praxis, die ihnen dazu verhelfen könnte, eine klarere Sicht zu gewinnen. Mit der Zeit geht ihnen tatsächlich der Traum von der Glückseligkeit verloren, für die das Geld hätte sorgen sollen.

In der buddhistischen Praxis vergegenwärtigen wir uns bewußt diese Leiden, anstatt ihnen aus dem Weg zu gehen – die Leiden der Geburt, die Leiden des Alterns, die Leiden des sozialen Auf- und Abstiegs, die Leiden der Ungewißheit in dieser Lebensspanne und die Leiden des Todes. Wir versuchen, bewußt daran zu denken, so daß wir vorbereitet sind, wenn wir ihnen wirklich gegenüberstehen. Wenn wir dem Tod ausgeliefert sind, werden wir uns klarmachen, daß unsere Zeit gekommen ist. Das heißt nicht, daß wir unseren Körper nicht schützen würden. Wenn wir krank sind, nehmen wir Medizin ein und versuchen, den Tod zu verhüten. Aber falls der Tod unvermeidlich ist, wird der Buddhist vorbereitet sein. Lassen wir im Augenblick das Problem eines Leben nach dem Tode, der Befreiung oder des Zustands der Allwissenheit beiseite. Auch innerhalb dieser Lebensspanne bieten die Kontemplation über den Dharma und der Glaube an den Dharma praktische Vorteile. Obwohl die Chinesen in Tibet so systematisch Vernichtung und Folter verhängt haben, haben die Menschen ihre Hoffnung und Entschlossenheit noch immer nicht verloren. Ich glaube, das liegt an der buddhistischen Überlieferung.

Obwohl die Vernichtung des Buddhismus unter chinesischer Herrschaft sich noch nicht über einen so langen Zeitraum erstreckt wie im 9. Jahrhundert unter Lang-darma, ist das Ausmaß der Zerstörung doch weit größer. Als

Lang-dar-ma den Dharma vernichtet hatte, kam Atisha nach Tibet und stellte die gesamte Praxis des Buddhismus wieder her. Heute tragen wir alle die Last der Verantwortung – ob wir ihr nun gewachsen sind oder nicht –, das wiederherzustellen, was von den Chinesen systematisch zerstört worden ist. Der Buddhismus ist ein Schatz, der für die ganze Welt da ist. Ihn zu lehren und seiner Lehre zuzuhören ist ein Beitrag zum Wohl der Menschheit. Es gibt möglicherweise viele Punkte, die du nicht sofort anwenden kannst, aber bewahre sie in deinem Herzen, damit du imstande bist, sie nächstes Jahr oder in fünf oder zehn Jahren anzuwenden – solange diese Lehren nicht in Vergessenheit geraten.

Obwohl wir Exiltibeter von der Tragödie des Verlustes unserer Heimat betroffen sind, bleiben wir in der Ausübung des Dharma generell unbehindert. In welchem Land wir auch ansässig sind, wir haben durch Lehrer im Exil Zugang zu den Lehren des Buddha, und wir verstehen es, Voraussetzungen zu schaffen, die der Meditation dienlich sind. Tibeter tun dies seit mindestens dem 8. Jahrhundert. Diejenigen, die nach der chinesischen Invasion 1959 in Tibet blieben, haben physisch und geistig großes Leid durchmachen müssen. Klöster wurden geräumt, große Lehrer wurden inhaftiert, und die Ausübung des Buddhismus wurde zum Delikt, auf das Gefängnis oder sogar die Todesstrafe steht.

Wir müssen jede Gelegenheit nutzen, um die Wahrheit zu üben, um uns zu verbessern, anstatt eine Zeit abzuwarten, in der wir unserer Meinung nach weniger beschäftigt sein werden. Wie Gung-thang Rinpoche[5] sagte: Die Aktivitäten dieser Welt gleichen kleinen Wellen auf einem Teich – wenn eine verschwindet, kommt die nächste zum Vorschein; sie finden kein Ende. Weltliche Aktivitäten hören erst zum Zeitpunkt des Todes auf; wir sollten versuchen, in unserem eigenen täglichen Leben eine Zeitspanne für die Ausübung des Dharma zu reservieren. Wenn wir uns in diesem Augenblick – da wir im Besitz der kostbaren Menschenform sind und auf den Dharma gestoßen sind und anfangen, ihm Glauben entgegenzubringen – außerstande sehen, den Dharma in die Praxis umzusetzen, wird es uns schwerfallen, diese Praxis in künftigen Leben auf uns zu nehmen, in denen wir keine derartigen Bedingungen haben werden. Jetzt, da wir auf ein so tiefgründiges System gestoßen sind, in dem die vollständige Methode zur Erreichung des erleuchteten Zustands verfügbar ist, wäre es sehr beklagenswert, wenn wir nicht versuchen würden, den Dharma Einfluß auf unser Leben nehmen zu lassen.

Kapitel 2

Der Lehrer

Unzählige Buddhas sind in der Vergangenheit aufgetreten, und wir hatten nicht das Glück, ihnen zu begegnen.

Buddha Shakyamuni kam, um für die empfindenden Wesen dieses entarteten Zeitalters zu sorgen. Er erschien in unserer Welt vor 2500 Jahren und hat seitdem vielen empfindenden Wesen den Pfad zur Freiheit vom Leidenskreislauf gewiesen. Wir jedoch hatten nicht das Glück, dem Buddha zu begegnen und unter seine Führung zu kommen, und verbleiben so in ungezähmter, gewöhnlicher Geistesverfassung. In Indien und Tibet hat es viele große Meister gegeben, die den Zustand vollkommener Erleuchtung erreichten. Viele andere große Meister haben eine hohe Stufe der Verwirklichung erreicht, während es andere lediglich schafften, die ersten Schritte auf dem Pfad zu tun.

Die Lehren sind nun schon viele Jahrhunderte vorhanden, aber das, worauf es bei dem Vorhandensein des Dharma ankommt, ist nicht sein Fortbestehen über die Zeit, sondern ob es in unserem Geist vorhanden ist oder nicht, ob es in unseren Handlungen lebendig ist. Wenn wir bloß zufrieden sind, daß die Lehre des Buddha auf der Welt noch immer existiert, dann droht die Gefahr, daß sie sich verschlechtert, weil niemand imstande sein wird, aus der Erfahrung der

Praxis heraus zu sprechen. Nach dem Verscheiden des Dreizehnten Dalai Lama im Jahre 1933 isolierten sich die Tibeter. Trotz der großen Wandlung, die in anderen Teilen der Welt stattfand, kapselten sich die Tibeter ab und ließen den Chinesen die Möglichkeit für die Invasion. Der tibetische Buddhismus ist jetzt, seit der Diaspora der Tibeter, anfällig für Entartung, und darum ist es sehr wichtig, sich heute bei der Praxis des Dharma wirklich Mühe zu geben. In solch kritischen Momenten ist es der spirituelle Meister, der uns schützt und stärkt. Es ist der Guru, der uns auf eine für unser Verständnis geeignete Weise in die vom Buddha selber dargelegten unausschöpflichen und tiefgründigen Lehren einführt.

Obwohl alle Buddhas tatkräftig in ihrer Arbeit zum Vorteil anderer empfindender Wesen aufgehen, hängt unsere Fähigkeit oder Unfähigkeit, uns solcher Vorteile zu erfreuen, davon ab, wie unsere Beziehung zu unserem spirituellen Meister beschaffen ist. Der spirituelle Meister ist das einzige Tor zur Erleuchtung, weil er oder sie der lebende Lehrer ist, auf den wir uns direkt beziehen können. Das Zusammentreffen mit einem spirituellen Meister ist unzureichend, wenn wir nicht den Rat befolgen, der uns hinsichtlich der Praxis und der Art, wie wir unser Leben führen sollen, erteilt wird. Wenn wir dank eines glücklichen Zufalls auf diese Lehren treffen, bedeutet dies, daß wir von den meisten schwerwiegenden Hindernissen für die Praxis des Dharma frei sind; darum ist es wichtig, den noch übrigen Teil unseres Lebens mit Sinn zu erfüllen, indem wir uns in spiritueller Praxis betätigen. Wenn wir jetzt die Initiative ergreifen, ist es wahrscheinlich, daß wir imstande sein werden, auf dem Pfad vorwärtszukommen.

Die Ausübung eines jeden Pfades sollte auf umfassenden und authentischen Unterweisungen beruhen. Wir müssen sorgfältig erwägen, welche Art Praxis wir gerne auf uns nehmen würden und welche Art Lehren wir unserer Praxis zugrunde legen wollen. Der große tibetische Gelehrte Sakya Pandita (1182–1251) pflegte zu sagen, daß die Menschen große Sorgfalt auf weltliche Angelegenheiten, wie etwa den Kauf eines Pferdes, verwenden. Wenn du dich also dazu entschließt, den Dharma zu üben, ist es wichtig, in bezug auf die Praxis und den Lehrer noch wählerischer zu sein, denn das Ziel ist hier die Buddhaschaft, nicht der Transport. Ob der Lehrer authentisch ist oder nicht, hängt nicht von der Fähigkeit ab, aus buddhistischen Texten zu zitieren. Du solltest seine oder ihre Worte und Handlungen genau analysieren. Durch ständige, gründliche Analyse wirst du fähig sein, tiefe Bewunderung für diesen Menschen zu entwikkeln.

Der tibetische Meister Po-to-wa (1031–1106) sagte, daß der Ausgangspunkt des gesamten Pfades darin liegt zu lernen, den Rat eines spirituellen Meisters anzunehmen, und daß das geringfügigste Erfahren von Verwirklichung und ebenso der geringfügigste Abbau von Verblendung sich als Konsequenz der Lehren des spirituellen Meisters einstellen. Wenn wir schon unsere weltlichen Unternehmungen nicht ohne die Anleitung eines guten Rechtsanwalts bewältigen können, dann steht die Wichtigkeit eines spirituellen Meisters außer Frage, wenn es für uns darum geht, dem unvertrauten Pfad zur Buddhaschaft zu folgen.

Es gibt Fälle von Menschen mit großer Intelligenz, die sehr gescheit zu sein scheinen, aber in dem Augenblick, in dem sie ihre Aufmerksamkeit auf den Dharma richten, wird ihr Geist stumpf. Das deutet darauf hin, daß sie nicht genug positives Potential angesammelt haben. Es gibt auch Fälle von Menschen, die sehr intelligent sind und bestens über den Dharma Bescheid wissen, aber dieses Wissen berührt ihren Geist nicht. Sie setzen das, was sie wissen, nicht in die Praxis um. In diesem Zusammenhang ist der spirituelle Meister sehr wichtig. Eine hohe Stufe der Verwirklichung läßt sich in der Regel nur durch die schrittweise Anleitung eines spirituellen Meisters erlangen, der authentische Erfahrung besitzt. Der Lehrer wird ein Verhaltensmodell und eine Quelle der Inspiration für unsere Praxis. Es ist möglich, durch die Lektüre von Texten, die die Ausübung des Mitgefühls behandeln, eine starke innere Überzeugung zu entwickeln, aber wenn wir einem lebenden Menschen begegnen, der uns das Üben des Mitgefühls aus eigener Erfahrung lehren kann, dann inspiriert uns dies nachhaltiger.

Tsong-kha-pa sagt: Ehe nicht der Geist des Lehrers gezähmt ist, gibt es keine Hoffnung, daß der Lehrer andere zähmt. Lehrer sollten in ihrem Betragen zurückhaltend sein; ihr Geist sollte durch die Kraft der Konzentration vor Ablenkungen geschützt sein. Sie sollten mit der Kraft der Weisheit ausgerüstet sein und die äußere Erscheinung der Phänomene durchdringen. Wenn jemand höhere Schulung in ethischer Selbstdisziplin besitzt, dann sagt man von seinem Geist, er sei gezähmt. Im Pratimoksha-Sutra, dem Sutra über die Mönchsgelübde, wird der Geist mit einem wilden Pferd verglichen, und die Ausübung der Sittlichkeit wird mit den Zügeln verglichen, durch die dieses wilde Pferd gezähmt wird. Wenn also der ungezähmte Geist vom Pfade abweicht, dann sollte man dieses wilde Pferd mit Hilfe des Zügels der Sittlichkeit zähmen, indem man Geist und Körper von negativen Handlungen zurückhält.

Ein befähigter Lehrer muß auch in der höheren Schulung der Konzentration geübt sein, was sich in der ständigen Anwendung von Achtsamkeit und Selbstprüfung kundtut. Jene, die in letzter Zeit in Tibet gelebt haben, haben große Erfahrung in der Anwendung von Achtsamkeit und Selbstprüfung gewonnen, weil schon das geringfügigste physische Anzeichen von Dissens das chinesische Regime verärgert. Sie müssen ständig auf der Hut sein und darauf achten, ob sie nicht gerade eine Regel übertreten. Ein Lehrer muß auch durch die höhere Schulung in der Weisheit, dank der er das trugbildhafte Wesen der Phänomene durchschaut, absolut versöhnlich gestimmt sein.

Tsong-kha-pa sagt, daß es nicht ausreicht, nur seinen Geist gezähmt zu haben; man sollte auch Kenntnis von den Lehren besitzen. Der Lama Drom-ton-pa (1005–1064) pflegte zu sagen, daß große Lehrer, wenn sie über ein bestimmtes Thema sprechen, imstande sein sollten, es mit dem gesamten Kanon des Pfades zur Buddhaschaft in Beziehung zu setzen. Lehrer sollten fähig sein, ihr umfassendes Verständnis eines Themas in eine Unterweisung zu verwandeln, die nützlich und leicht anzuwenden ist. Demgemäß sagen die Schriften, daß die Buddhas weder die negativen Handlungen anderer wegwaschen noch die Leiden anderer beseitigen, noch uns ihre Erkenntnisse übermitteln können. Nur indem sie den für uns jeweils richtigen Pfad zeigen, dem wir folgen sollen, können die Buddhas empfindende Wesen befreien.

Der eigentliche Zweck der Belehrung anderer besteht darin, ihnen verstehen zu helfen. Daher ist es wichtig, über eine ansprechende Redeweise zu verfügen und alles Nötige zu tun, um verstanden zu werden. Die Belehrung sollte aus einem lauteren Beweggrund erfolgen – niemals aus einem Wunsch nach Ruhm oder materiellem Gewinn. Wenn Geld der Beweggrund ist, wird das Lehren zu einer rein weltlichen Tätigkeit. Bevor 1951 die Chinesen kamen, war es bei einigen Leuten in Lhasa gang und gäbe, Texte vorzulesen und Lieder vorzusingen, um damit Geld zu sammeln. Das kommt in Tibet noch heute vor, und die Touristen strömen herbei, um Fotos davon zu machen. Ich finde das ziemlich traurig, weil der Dharma hier als Mittel zum Betteln und nicht zur spirituellen Förderung verwendet wird.

Po-to-wa sagte, er hätte zwar viele Lehren erteilt, doch innerlich niemals auch nur das geringste Kompliment akzeptiert, weil er aus seinem Mitgefühl für andere empfindende Wesen lehrte. Er hielt es für seine Verpflichtung zu lehren, weil sein elementares Anliegen darin bestand, anderen zu helfen. Es ist unsinnig, anderen das Gefühl zu geben, sie seien einem etwas schuldig, und ihren Dank zu akzeptieren, denn in Wirklichkeit erfüllt man nur sein eigenes Gelöbnis. Wenn man seine eigene Nahrung ißt, ist es unsinnig, sich selbst zu danken, denn zum Essen ist man ja gezwungen.

Tsong-kha-pa sagt, daß die spirituellen Meister, die als Führer auf dem Pfad der Erleuchtung dienen, wie der Grundstock oder die Wurzel unseres Erlangens von Erleuchtung sind. Wer daher einen spirituellen Meister sucht, sollte mit den erforderlichen Befähigungen vertraut sein und ermitteln, ob der Lehrer diese Befähigungen hat. Ohne einen wirklichen Führer können wir auf dieser Welt unsere Gesellschaft nicht verbessern. Sofern demgemäß der spirituelle Meister nicht wirklich befähigt ist, könnte es einem, trotz des eigenen starken Glaubens, letztlich schaden, ihm zu folgen: Man könnte in die falsche Richtung geleitet werden. Ehe man sich also tatsächlich jemanden zum spirituellen Meister nimmt, ist es wichtig, diese Person zu prüfen, andere über sie oder ihn zu befragen und sich selbst zu prüfen. Erst dann, wenn man herausgefunden hat, daß jemand zum spirituellen Meister geeignet ist, sollte man ihn oder sie als seinen spirituellen Meister betrachten. Desgleichen ist es sehr wichtig, daß der spirituelle Meister, bevor er jemanden als Schüler akzeptiert, zuallererst die Befähigungen eines spirituellen Meisters vollständig erfüllt.

Die bloße Tatsache, daß ein Lama mehrere Diener oder Gehilfen hat, qualifiziert ihn noch nicht zum spirituellen Meister. Es ist schon ein Unterschied, ob man ein spiritueller Meister ist oder ein Tulku, die Reinkarnation eines bestimmten Meisters, der seit Generationen wiederkehrt. Es gibt manche, die beides sind; manche sind Tulkus, aber keine Lamas, und manche sind Lamas, aber keine Tulkus. Innerhalb der tibetischen Gesellschaft haben die Tulkus einen hohen Rang inne. Wenn sie aber nicht zugleich die Qualitäten eines spirituellen Meisters aufweisen, besitzen sie lediglich hohes Sozialprestige. Sobald innerhalb der tibetischen Gesellschaft und sogar im Westen, wo mittlerweile viele Lamas als Lehrer tätig sind, jemand als Tulku bezeichnet wird, schaut man sofort zu ihm auf. Doch andere, die wirklich ernsthafte Anhänger des Dharma sind, flößen keinen so großen Respekt ein, bloß weil ihnen das Etikett Tulku fehlt. Der bedeutendste Philosoph Indiens, Nagarjuna, wird von allen nach ihm kommenden Anhängern des Dharma als Meister betrachtet, obwohl er einen einfachen Namen trug und es nicht historisch belegt ist, daß er ein Gefolge oder einen Privatsekretär gehabt hätte.

Unsere tibetischen Lamas haben lange und großartig klingende Namen, von denen manche schwierig auszusprechen sind. Genaugenommen braucht man keinen weiteren Titel zu haben als den des Bhikshu (Mönchs), der vom Buddha selbst eingeführt wurde. Hier liegen einige der großen Fehler der tibetischen Gesellschaft. Wir Tibeter schenken den gelben, tatsächlich vom Buddha selbst eingeführten Mönchsroben keine Beachtung, sondern richten statt dessen unsere Aufmerksamkeit eher auf Kleidungsstücke, die als Zeichen der Würde verliehen werden, um die jeweilige Person imposant aussehen zu lassen. Spätere indische Meister trugen eine Art roten Hut, und in Tibet achteten ihre

Anhänger mehr auf diesen roten Hut als auf das, was wahrhaft bedeutsam war.

Es kann nicht deutlich genug hervorgehoben werden, wie wichtig es ist, einen vertrauenswürdigen Lehrer zu finden, und ich glaube, daß Tibets eigene politische Lage widerspiegelt, was für eine Torheit es ist, einem Führer nicht skeptisch gegenüberzustehen. Unter dem Deckmantel, Gönner und Wohltäter zu sein, nahmen die Chinesen enge Beziehungen mit Tibet auf. Wir erkannten nicht, daß China dies tat, um Tibet als Provinz des eigenen Landes hinzustellen, und schließlich dieses Argument zur Rechtfertigung der Invasion benutzen würde. Wenn wir nicht unsere Angelegenheiten sowohl in spiritueller als auch in gesellschaftlicher Hinsicht auf verantwortungsbewußte Weise bewältigen, werden wir dies später zwangsläufig bereuen.

Der große Mönch Geshe Sang-pu-wa (aus dem 12. Jahrhundert) hatte viele spirituelle Meister. Einmal, auf einer Reise von Osttibet aus, traf er auf einen Laienjünger, der Lehren erteilte. Geshe Sang-pu-wa ging hin, um ihm zuzuhören. Als ihn seine Begleiter fragten, wieso er es denn nötig hätte, ausgerechnet von einem Laien Lehren entgegenzunehmen, erwiderte Geshe Sang-pu-wa, er hätte zwei Punkte gehört, die sehr hilfreich wären. Weil Geshe Sang-pu-wa fähig war, gläubiges Vertrauen zu vielen Menschen und Bewunderung für sie zu entwickeln, tat er sich nicht schwer damit, viele Lehrer zu haben. Menschen wie wir, deren Geist noch nicht gezähmt ist, werden wahrscheinlich Fehler an ihrem Meister entdecken und dazu neigen, leicht das gläubige Vertrauen zu verlieren. Solange wir am spirituellen Meister Fehler entdecken und solange wir dazu neigen, das gläubige Vertrauen deswegen zu verlieren, weil wir äußerliche oder projizierte Fehler entdecken, ist es besser, eine geringere Anzahl spiritueller Meister zu haben, aber ein gutes Verhältnis zu ihnen aufzubauen. Hat man das geschilderte Problem nicht, dann hindert einen nichts daran, so viele spirituelle Meister zu haben wie möglich.

Wenn man den spirituellen Meister als die Verkörperung aller Buddhas ansieht und Zuflucht zu ihm nimmt, dann basiert dieses gläubige Vertrauen auf Bewunderung. Wenn man gläubiges Vertrauen herausbildet, indem man den Guru als das Fundament und die Wurzel der eigenen Entwicklung begreift, dann basiert dieses gläubige Vertrauen auf Überzeugung. Wenn man gläubiges Vertrauen zur Person des spirituellen Meisters entwickelt, indem man ihre oder seine Worte befolgt, dann wird dies als aufstrebendes gläubiges Vertrauen bezeichnet. Ganz allgemein gilt das gläubige Vertrauen als die Wurzel oder das Fundament aller tugendhaften Gedanken. Wenn man fähig ist, seinen spirituellen Meister als Buddha ebenbürtig anzusehen, wird man aufhören können, die Fehler des Meisters im Auge zu haben, und nur seine großen Talente wahrnehmen. Aber gläubiges Vertrauen muß auf erprobter und bewährter Erfahrung beruhen. Daher sollte man ständig und bewußt versuchen, diejenigen Wahrnehmungen zu verhindern, die einen dazu verleiten, Fehler am spirituellen Meister zu entdecken, welche in Wirklichkeit die eigenen Projektionen sein könnten, und danach trachten, die dem Meister innewohnenden Talente zu entdecken.

Es heißt, daß dir, obwohl dein spiritueller Meister womöglich in Wirklichkeit kein wahrer Buddha ist, Inspiration zuteil werden wird wie von einem tatsächlichen Buddha – vorausgesetzt, du hältst den spirituellen Meister für einen tatsächlichen Buddha. Andererseits wird dir, selbst wenn dein spiritueller Meister womöglich in Wirklichkeit ein vollkommener Buddha ist, nur die Inspiration eines Durchschnittsmenschen zuteil – sofern du nicht imstande bist, seine Vollkommenheit wahrzunehmen.

Heutzutage, in diesem Zeitalter der Entartung, arbeiten Gurus im Namen aller Buddhas und Bodhisattvas darauf hin, alle empfindenden Wesen aus dem Leidenskreislauf zu befreien. In vielen Tantras wird prophezeit, daß im entarteten Zeitalter der Buddha in Gestalt von Gurus auf der Welt erscheinen werde. Und im entarteten Zeitalter muß ihr Mitgefühl mit kraftvollerem Einsatz arbeiten, was bei jenen Verwirrung auslösen kann, die erwarten, daß das Mitgefühl an eine bestimmte Erscheinungsform gebunden ist. Wenn wir für die Lehre und das Mitgefühl des Buddha nicht empfänglich sind, dann kann uns kein Lehrer wirklich helfen. Aber gläubiges Vertrauen und innere Überzeugung werden uns der Macht der Buddhas öffnen, deren starkes Mitgefühl sich auf ausnahmslos alle empfindenden Wesen richtet – dich und mich mit eingeschlossen.

Eine Lehre lautet: »Während ich im Existenzkreislauf umherirrte, suchtest du (der Buddha) nach mir und erhelltest meine Unwissenheit. Du hast mir das Licht gezeigt und mich von der Knechtschaft erlöst.« Wir können den Buddha, der für uns tätig ist, durch ein Aussonderungsverfahren ermitteln. Frage dich, wer unter den dir Nahestehenden dich aus dem Leidenskreislauf herausführt, der durch Unwissenheit, begehrliches Anhaften und Haß verursacht wird. Die Mutter oder der Vater? Deine Freunde? Dein Mann oder deine Frau? Deine Freunde tun es nicht, deine Verwandten nicht, deine Eltern nicht. Wenn es also einen Buddha gibt, der für dich tätig ist, dann muß er oder sie die Person in deinem Leben sein, die dich zur Erleuchtung führt – dein Lehrer. Unter dieser Perspektive kann man den Lehrer als den vollkommenen Buddha auffassen. Es gab in der Vergangenheit Fälle, da erblickten die Übenden aufgrund einer geistigen Blockierung den tatsächlichen Buddha in grobstofflicher Form. Asanga (aus dem 4. Jahrhundert christlicher Zeitrechnung) schaute den Buddha der Zukunft, Maitreya, als von Maden wimmelnden Hund; und Sang-pu-wa erblickte einen weiblichen Buddha in Gestalt einer leprakranken alten Frau. Angenommen, wir dürften den großen Meistern der Vergangenheit gegenübertreten, die in einem einzigen Leben Erleuchtung errangen: Sie würden bloß wie gewöhnliche indische Bettler aussehen, die nackt herumwandern, die Stirn mit Strichen bemalt.

Wenn ich die Bedeutung der innigen Hinwendung an den Lehrer hervorhebe und davon spreche, wie wichtig es ist, ihn als den Buddha wahrzunehmen, dann lege man dies bitte nicht falsch aus: Ich will damit nicht sagen, daß ich ein Buddha bin. Ob man mich nun in den Himmel hebt oder verdammt, ich werde immer noch der gewöhnliche buddhistische Mönch sein, der ich bin. Ich bin ein Mönch, und ich finde das durchaus angenehm. Man nennt mich den Bodhisattva des Mitgefühls, Avalokiteshvara[6], aber das macht mich nicht zu Avalokiteshvara. Die Chinesen nennen mich Wolf im gelben Gewand, aber das nimmt mir nichts von meinem Menschsein, noch macht es mich zum Wolf. Ich bleibe einfach ein gewöhnlicher Mönch.

Was ist zu tun, wenn das Befolgen der Unterweisungen deines Meisters dich dazu veranlaßt, unmoralisch zu handeln, oder wenn seine Lehren dem buddhistischen Kanon widersprechen? Du solltest dich an das Tugendhafte halten und das sein lassen, was nicht mit dem Dharma übereinstimmt. In Indien gab es einmal einen Lehrer mit vielen Schülern, der diese bat, stehlen zu gehen. Der Lehrer war ein Mitglied der Brahmanenkaste und sehr arm. Er sagte ihnen, die Brahmanen hätten das Recht zu stehlen, sobald sie in Armut gerieten. Für einen Brahmanen, einen Liebling des Gottes Brahma, des Schöpfers der Welt, sagte er, wäre es nicht verwerflich zu stehlen. Die Schüler wollten sich gerade auf ihre Diebestour machen, als der Brahmane bemerkte, daß einer von ihnen schweigend und mit gesenktem Kopf dastand. Der Brahmane fragte ihn, weshalb er sich nicht auf den Weg mache. Der Schüler sagte: »Was Ihr uns jetzt zu tun ratet, verstößt gegen den Dharma, und darum glaube ich nicht, daß ich es tun kann.«

Das gefiel dem Brahmanen, und er sagte: »Ich habe euer Wissen auf die Probe gestellt. Obwohl ihr alle meine Schüler seid und treu zu mir steht, unterscheidet ihr euch in eurem Urteilsvermögen. Dieser junge Mann ist mir durchaus treu ergeben, aber als ich etwas Falsches riet, war er imstande zu erkennen, daß es gegen den Dharma verstieß, und wollte es nicht tun. Das ist richtig. Ich bin euer Lehrer, aber ihr müßt meinen Rat kritisch prüfen, und wann immer er gegen den Dharma verstößt, solltet ihr ihn nicht befolgen.«

Kapitel 3

Die Gelegenheit

Stell dir einen weiten Ozean
mit einem darauf
treibenden goldenen Joch vor.

In der Tiefe des Ozeans schwimmt eine einzelne blinde Schildkröte, die alle hundert Jahre einmal zum Luftholen an die Oberfläche kommt. Wie selten würde es wohl geschehen, daß die Schildkröte mit dem Kopf durch das Loch des Jochs an die Oberfläche kommt? Der Buddha sagte, daß die Erlangung einer kostbaren Wiedergeburt als Mensch noch seltener ist.

Es heißt, daß uns selbst die Götter um unsere menschliche Existenz beneiden, weil sie die beste Existenzform für die Ausübung des Dharma ist. Es gibt ungefähr fünf Milliarden Menschen auf dieser Welt, und ihnen allen ist das Menschsein gemeinsam. Ihre Hände, Gehirne, Glieder und Körper sind völlig gleich. Aber wenn wir prüfen, ob alle Menschen die Gelegenheit zur Ausübung des Dharma haben, werden wir einen gewaltigen Unterschied feststellen. Wir sind frei von widrigen Umständen, die die Ausübung des Dharma verhindern, widrigen Umständen wie etwa der Wiedergeburt mit verkehrten Ansichten, der Wiedergeburt als Tier, Geisterwesen, Höllenwesen oder vergnügungssüchtiger Gott oder als Mensch, dem es schwerfällt, die Lehren zu hören, oder der Wiedergeburt in einer Umgebung, in der keine buddhistische Lehre verfügbar ist. Andere widrige Umstände lägen darin, in einem barbarischen Land geboren zu sein, wo alle Gedanken nur aufs Überleben gerichtet sind, oder zu einer Zeit, da noch kein Buddha erschienen ist.

Wir hingegen sind in positiver Weise mit vielem ausgestattet, das uns die Ausübung des Dharma ermöglicht. Zum Beispiel sind wir als Menschen, die auf die Lehren zu reagieren vermögen, in einem Land geboren, wo die Lehren verfügbar sind. Wir haben keine abscheulichen Verbrechen begangen und bringen der buddhistischen Lehre ein gewisses Maß an Vertrauen entgegen. Obwohl unsere Wiedergeburt auf der Welt nicht zu Lebzeiten Buddhas stattfand, sind wir doch auf spirituelle Meister gestoßen, die die geradlinige Abstammung der ihnen vermittelten Lehren lückenlos bis zum Buddha zurückverfolgen können. Der Dharma bleibt festgegründet und blühend, weil es Dharma-Schüler gibt, die sich nach diesen Lehren richten. Wir leben auch in einer Zeit, in der es gütige Wohltäter gibt, die Mönche und Nonnen mit dem für die Ausübung des Dharma Erforderlichen, wie Nahrung, Kleidung und Obdach, versorgen.

Die Lehren des Buddha kommen unzähligen Wesen zugute, die infolge der Ausübung eine hohe Stufe der Verwirklichung erreichen und Verblendungen aus ihrem Geist entfernen. Aber falls wir als Tier oder Höllenwesen oder als hungriges Geisterwesen wiedergeboren sind (siehe dazu Kapitel 5), wird uns das Vorhandensein der Buddha-Lehre auf dieser Welt keineswegs helfen. Der Buddha Shakyamuni zum Beispiel wurde in Indien geboren, erlangte vollständige Erleuchtung und drehte das Rad des Dharma dreimal.[7] Wenn wir zu jener Zeit ein kostbares Menschendasein erhalten hätten und der Buddha sich unser angenommen hätte, dann wäre unser gegenwärtiges Schicksal ganz anders. Wir wären inzwischen möglicherweise schon der Wiedergeburt entgangen. Aber das war nicht der Fall, und seine Lehre nützte uns bis heute überhaupt nichts.

Zum Glück befinden wir uns nicht in einer niederen Existenzform, aber einfach in menschlicher Gestalt wiedergeboren zu werden und von der Knechtschaft nicht-menschlicher Existenz befreit zu sein reicht nicht aus. Gesetzt, wir wären in einer Umgebung wiedergeboren, wo der Dharma blüht: Wenn wir ohne vollentwickelte Geisteskräfte geboren wären, würde uns der Dharma doch nichts nützen. Physische Gebrechen brauchen die Ausübung des Dharma nicht zu behindern, aber ohne Einsatz des Geistes wäre sie undurchführbar. Und selbst wenn wir keinerlei Gebrechen hätten: Wenn wir in eine Gemeinschaft hineingeboren worden wären, in der man das Gesetz von Ursache und Wirkung leugnet, wäre unser Erkenntnisvermögen mit verkehrten Ansichten durchsetzt worden. Aber das ist nicht der Fall. Wenn wir in den Zeiten wiedergeboren wären, als es noch keine buddhistische Lehre gab, dann befänden wir uns nicht auf einem Pfad der Umwandlung des Geistes zur Beendigung des Leidens. Aber auch das ist nicht der Fall.

Wir sollten uns klarmachen, welch glücklicher Umstand es ist, in einer Zeit wiedergeboren zu sein, da die Lehren des Buddha existieren. Wir sollten darüber nachdenken und uns über unser glückliches Los freuen, von den vorher genannten Nachteilen frei zu sein. Wenn wir unser Denken an solchen Grundsätzen ausrichten, werden wir schließlich imstande sein zu begreifen, daß wir eine menschliche Existenzform erhalten haben, die einzigartig ist. Wenn wir derart eindringlich darüber nachsinnen, werden wir am Ende die wahre Bedeutung der menschlichen Existenz erkennen. Wir werden beschließen, eine sehr feste Verpflichtung zu einer ernsthaften Ausübung des Dharma einzugehen.

Es heißt, daß die Lehre des Buddha Shakyamuni fünftausend Jahre Bestand haben wird. Wenn wir danach als Menschen wiedergeboren werden, haben wir keinen Nutzen mehr davon. Aber wir sind in dieser Welt wiedergeboren in einem Zeitalter der Erleuchtung, in dem die Lehre des Buddha noch Bestand hat. Damit man den Geist umwandeln will, muß man dazu bewegt werden, das eigene, spezifisch menschliche Leben voll auszunutzen.

Bis zu diesem Augenblick leben wir unser Leben, essen wir, haben wir Unterkunft gefunden, tragen wir Kleider. Wenn wir auf ebendiese Art weitermachen sollten – und einfach essen, um zu leben –, welchen Sinn gibt das dann unserem Leben? Wir alle haben eine kostbare menschliche Seinsform erhalten, aber auf das bloße Verfügen über eine menschliche Seinsform braucht man sich nichts einzubilden. Es gibt auf dem Erdball unzählige andere Lebensformen, aber keine von ihnen ist mit einem derartigen Vernichtungswerk beschäftigt, wie es sich die Menschen leisten. Menschliche Wesen gefährden alles Leben auf dem Planeten.

Wenn wir unser Leben vom Mitgefühl und einer altruistischen Haltung leiten lassen, werden wir fähig sein, Großes zu erreichen – etwas, wozu andere Lebensformen außerstande sind. Wenn es uns gelingt, diese kostbare menschliche Seinsform auf positive Weise einzusetzen, dann wird sie auf lange Sicht Bedeutung haben. Unsere menschliche Existenz wird dann wahrhaft kostbar werden. Wenn wir jedoch unser menschliches Potential, die Anlage der Intelligenz, auf negative Weise verwenden, nämlich dazu, Menschen zu quälen, andere auszubeuten und Zerstörung zu bewirken, dann wird unser menschliches Dasein in der Zukunft für uns selber genauso zur Gefahr wie jetzt schon für andere. Menschliches Dasein hat, wenn es zerstörerisch eingesetzt wird, das Potential, alles zu vernichten, was wir kennen. Andererseits kann es die Quelle dafür sein, ein Buddha zu werden.

Bis jetzt haben wir in unserer spirituellen Entwicklung noch keine großen Fortschritte gemacht. Frage dich selbst: »Welche guten Werke habe ich bisher vollbracht; welche Praktiken habe ich vollzogen, um den Geist zu zähmen und mich im Hinblick auf die Zukunft zuversichtlich zu machen?« Wenn du nicht irgend etwas entdeckst, das dir ein Gefühl der Gewißheit über dein künftiges Schicksal gibt, dann ist dieses ganze Essen von Nahrung zur Aufrechterhaltung deines bisherigen Lebens mehr oder minder Verschwendung. Oder wie der aus dem 8. Jahrhundert stammende indische Dichter Shantideva sagt: Unser Zur-Welt-Kommen wäre dann bloß dazu dagewesen, unserer Mutter Schmerzen und Mühe zu bereiten; es hätte keinem anderen Zweck gedient.

Nachdem ich – so sagt Shantideva – eine derart kostbare menschliche Seinsform errungen habe, wäre ich töricht, wenn ich nicht meditierte und keine Tugenden ansammelte. Wenn ich noch immer aus Faulheit die Ausübung des Dharma hinausschiebe, werde ich zur Zeit des Todes von großer Reue ergriffen werden und von großer Besorgnis wegen der Leiden, die ich in den niederen Existenzformen durchmachen werde. Wenn wir, nachdem wir eine derart wertvolle menschliche Existenz erhalten haben, diese dann vergeuden, handeln wir wie jemand, der ins Reich der Juwelen geht und mit leeren Händen zurückkommt. Denke über die Tatsache nach, daß alle großen Meister der Vergangenheit, die innerhalb einer Lebenszeit Erleuchtung errangen – Nagarjuna, Asanga und große tibetische Meister wie

Milarepa – genau das gleiche Menschenleben hatten, das wir jetzt erhalten haben. Der einzige Unterschied zwischen uns und ihnen liegt darin, daß uns ihre Entschlossenheit fehlt. Indem wir über die Vortrefflichkeit unserer Situation meditieren, können wir eine ähnliche innere Bereitschaft herausbilden.

Obwohl ein Hund in einer Gegend leben kann, in der der Dharma blüht, ist es ihm doch nicht möglich, einen wirksamen Nutzen daraus zu ziehen. Tiere werden noch stärker von Verblendungen beherrscht und haben nicht unsere Fähigkeit, zwischen verschiedenen Verhaltensweisen zu wählen. Sie geben sich leichter negativen Handlungen und Gedanken wie etwa Haß oder Begierde hin und haben mit tugendhaften Handlungen mehr Mühe. Wenn ich als Tier oder als irgendeine niedere Existenzform wiedergeboren werde, wie habe ich da die Möglichkeit, den Dharma zu praktizieren? Es fällt unter dieser Voraussetzung sehr schwer, Tugenden anzusammeln, und ich würde fortwährend nicht-tugendhafte Handlungen ansammeln, und selbst nach dem Tode würde ich in einer Kettenreaktion des fortwährenden Wiedergeborenwerdens in den niederen Existenzformen dahinwirbeln.

Wenn es zutrifft, daß selbst eine flüchtige negative Handlung das Potential in sich birgt, unzählige Zeitalter lang eine Wiedergeburt in den unteren Existenzformen zu bewirken, wie kann ich dann daran zweifeln, daß ich, infolge der unzähligen nicht-tugendhaften Handlungen, die ich in der Vergangenheit angesammelt habe, in den niederen Existenzformen wiedergeboren werde? Wenn du einmal in den niederen Existenzbereichen wiedergeboren bist, so besteht für dich selbst dann, wenn das Karma, das diese Wiedergeburt bewirkte, durch die Leiden, die du durchmachst, aufgebraucht werden kann, kaum irgendeine Hoffnung, aus jenen niederen Bereichen befreit zu werden, weil du dich, in einem Teufelskreis, negativen Handlungen hingeben wirst, die eine weitere niedere Wiedergeburt bewirken. Nachdem du darüber nachgedacht hast, wie schwierig es ist, eine derartige menschliche Existenz zu erhalten, und wenn du bedenkst, wie töricht es ist, sie zu vergeuden, solltest du den Entschluß fassen, dadurch den besten Gebrauch von deinem Leben zu machen, daß du die Ausübung des Dharma auf dich nimmst.

Buddhisten behaupten generell, daß unsere normale menschliche Existenz als ihre grundlegende Ursache eine makellose Einhaltung der Sittlichkeit in einem früheren Leben erfordert. Insbesondere zur Erlangung einer menschlichen Seinsform mit dem Vermögen, das Dharma zu praktizieren, ist es zusätzlich wichtig, daß die einzelne sittliche Tat durch andere Handlungen im vorausgehenden Leben, wie etwa Freigebigkeit und inbrünstige Gebete, ergänzt wird. Wenn du das erwägst, wirst du feststellen, wie überaus selten es vorkommt, daß einer diese Grundbedingungen allesamt erfüllt. Beim Nachdenken über die Seltenheit dieser Voraussetzungen wirst du erkennen, wie schwierig es ist, die kostbare menschliche Seinsform zu erlangen. Und wenn du die menschliche Existenz mit anderen Arten der Existenz, etwa der der Tiere, vergleichst, fällt dir als erstes auf, daß es weit mehr Wirbeltiere und Insekten gibt als Menschen. Und selbst innerhalb des menschlichen Existenzbereichs ist einer, dessen Leben mit der Zeit und Gelegenheit ausgestattet ist, den Dharma zu praktizieren, wirklich äußerst selten.

Wenn du die Bedeutsamkeit dieses kostbaren Menschenlebens begreifst, dann stellen sich alle übrigen Erkenntnisse wie von selber ein. Wenn jemand, der Gold in seiner Hand hat, dieses wegwirft und dann darum betet, morgen mehr

Gold zu bekommen, würde er sich lächerlich machen. Gleicherweise stehen wir, auch noch im Alter und bei körperlicher Schwäche, in unserem Vermögen, den Dharma zu üben, weit höher als andere empfindende Wesen. Zumindest können wir das Mantra des Bodhisattvas des Mitgefühls rezitieren: OM MANI PADME HUM.[8] Selbst wenn ein Mensch sich im Sterben befindet, hat er oder sie noch immer die Fähigkeit, zu denken und tugendhafte Gedanken zu entwickeln.

Die Handlungen des Buddha geschahen allesamt – vom Anfang, da er den Wunsch, anderen zu helfen, herausbildete, über das Ansammeln von Verdienst bis schließlich zur Erlangung von Erleuchtung – um anderer empfindender Wesen willen. Das Wohl anderer empfindender Wesen realisiert sich auf zweierlei Art als das vorübergehende Wohl, das in der Erlangung einer günstigen Wiedergeburt besteht, und als das endgültige Wohl, das in der Erlangung der Befreiung und des Zustands der Allwissenheit besteht.

Es heißt, daß alle Lehren, die mit der Erlangung einer günstigen künftigen Wiedergeburt verknüpft sind, Lehren mit geringer Perspektive sind. Wenn wir von unserem endgültigen Ziel sprechen, sind wiederum zwei Arten gemeint: die Befreiung vom Leid und die Allwissenheit. Alle Lehren, die sich auf die Praxis der Erlangung individueller Befreiung beziehen, sind Lehren mittlerer Perspektive. Zu diesem Zweck üben sich die Schüler der mittleren Ebene in ethischem Verhalten, Konzentration und Weisheit, beseitigen dann die Verblendungen und erreichen Befreiung von Leid und Wiedergeburt. Alle Lehren, die die Techniken zur Erlangung der allwissenden Buddhaschaft betreffen – sie umfassen sowohl das Sutra-Fahrzeug als auch das tantrische Fahrzeug[9] –, sind den Übenden mit großer Perspektive zugeordnet. Ein Wesen mit großer Perspektive ist jemand, dessen Geist durch großes Mitgefühl für alle anderen empfindenden Wesen motiviert ist und der um ihretwillen Erleuchtung erreichen will.

So hat die eine Gruppe nur ein künftiges Leben im Sinn; das sind Menschen mit geringer Perspektive. Die Menschen der zweiten Gruppe sind nicht ausschließlich von Belangen des künftigen Lebens in Anspruch genommen, sondern fähig, an etwas weniger Naheliegendes zu denken, an die Befreiung von der Wiedergeburt; dies sind Wesen mit mittlerer Perspektive. Andere Menschen wiederum sind nicht nur mit ihrem eigenen Wohl befaßt, sondern mutiger. Sie sind auch mit dem Wohl anderer empfindender Wesen befaßt, und dies sind die Wesen mit großer Perspektive.

Tsong-kha-pa sagt, daß wir zwar drei Arten der Ausübung unterscheiden, die Praxis mit Anfangsperspektive, mittlerer Perspektive und großer Perspektive, daß aber die letztere die beiden anderen mit einbegreift, weil diese wie Vorbereitungen auf die Praktiken mit großer Perspektive sind. Sobald wir unseren Geist darin schulen, die Bedeutsamkeit unseres kostbaren Menschenlebens und seine Seltenheit zu erkennen, beschließen wir, es uns zunutze zu machen. Unser aus Fleisch, Blut und Knochen zusammengesetzter Körper gleicht der Bananenstaude, die kein Kernholz hat, und er ist die Quelle aller erdenklichen physischen Leiden. Daher sollten wir nicht dermaßen um unseren Körper besorgt sein. Vielmehr sollten wir, indem wir dem Beispiel der großen Bodhisattvas folgen, die Tatsache, daß wir als Menschen geboren sind, mit Sinn erfüllen und unseren Körper zum Wohle anderer empfindender Wesen gebrauchen.

Mit anderen Worten, kostbare und seltene Gelegenheiten umgeben uns, und wir sollten ihren Wert erkennen. Wir haben diese kostbare, mit diesen besonderen Eigenschaften ausgestattete menschliche Seinsform erhalten. Wenn wir sie vergeuden sollten, indem wir uns belanglosen Angelegenheiten und Taten hingeben, so wäre das bedauerlich. Hat man sich einmal den Wert der kostbaren menschlichen Seinsform klargemacht, ist es wichtig, die Entscheidung zu treffen, daraus Nutzen zu ziehen und sie für die Ausübung des Dharma zu verwenden. Andernfalls bestünde zwischen unserem menschlichen Dasein und dem der Tiere kaum irgendein Unterschied.

Kapitel 4

Der Tod

Der Buddha sagte,
daß von all den verschiedenen Zeiten
für das Pflügen der Herbst
die beste ist

und daß von all den verschiedenen Brennstoffen Kuhdung der beste ist und daß von all den verschiedenen Arten des Bewußtseins das Bewußtsein von Unbeständigkeit und Tod das beste ist. Der Tod ist gewiß, aber wann er uns ereilen wird, ist ungewiß. Wenn wir wirklich den Gegebenheiten ins Auge sehen, dann müssen wir zugeben, nicht zu wissen, was als erstes kommen wird – der morgige Tag oder der Tod. Wir können nicht ganz sicher sein, daß die Alten zuerst sterben und die Jungen übrigbleiben werden. Die realistischste Einstellung, die wir herausbilden können, besteht darin, das Beste zu hoffen, aber auf das Schlimmste vorbereitet zu sein. Wenn das Schlimmste nicht eintritt, ist alles in Ordnung, aber wenn es geschieht, wird es uns nicht unvermutet treffen. Dies gilt auch für die Ausübung des Dharma: Sei auf das Schlimmste vorbereitet, denn keiner von uns weiß, wann er sterben wird.

Täglich hören wir in den Nachrichten vom Tod, oder wir hören, daß ein Freund, eine Person, die wir nur oberflächlich kannten, oder ein Angehöriger gestorben ist. Manchmal empfinden wir den Verlust, manchmal sind wir fast erfreut, aber noch immer klammern wir uns irgendwie an die Vorstellung, daß uns das nicht passieren wird. Wir meinen, daß wir gegen die Vergänglichkeit immun sind, und so verschieben wir die spirituelle Praxis (die uns auf den Tod vorbereiten könnte) mit dem Gedanken, daß wir dazu irgendwann später Zeit haben werden. Wenn der unvermeidliche Zeitpunkt eintritt, ist Reue das einzige, was uns noch bleibt. Wir müssen uns jetzt in diesem Augenblick auf die Ausübung des Dharma einlassen, so daß wir vorbereitet sein werden, ganz gleich, wie bald der Tod kommt.

Wenn die Zeit des Todes gekommen ist, läßt er sich durch keinerlei Umstände verhindern. Ganz gleich, wie dein Körper beschaffen ist, ganz gleich, wie unempfindlich du gegen Krankheit bist, der Tod wird dich sicherlich ereilen. Wenn wir ernstlich darüber nachdenken, dann ist das Leben der Buddhas und Bodhisattvas heute nur noch Erinnerung. Große indische Meister wie etwa Nagarjuna und Asanga leisteten große Beiträge zum Dharma und arbeiteten für das Wohl empfindender Wesen, aber alles, was heute von ihnen übrig ist, sind ihre Namen. Dasselbe gilt für große Herrscher und politische Führer. Ihre Lebensgeschichte ist so plastisch, daß man beinahe den Eindruck hat, als lebten sie noch. Wenn wir uns in Indien auf eine Wallfahrt begeben, dann entdecken wir historische Stätten, wie das große Kloster Nalanda, wo große Meister wie Nagarjuna und Asanga studierten und lehrten. Heute liegt Nalanda in Trümmern. Wenn wir die von den großen Gestalten der Geschichte hinterlassenen Spuren sehen, dann wird uns angesichts der Trümmer das Wesen der Unbeständigkeit deutlich.

Wie es die alten buddhistischen Aphorismen sagen: Ob wir uns unter die Erde oder ins Meer oder ins All begeben, wir werden niemals imstande sein, dem Tod zu entgehen. Die Mitglieder unserer eigenen Familie werden früher oder später voneinander getrennt werden wie eine Handvoll Blätter, die der Wind umherwirbelt. Schon innerhalb der nächsten Monate werden einige von uns sterben, und andere werden innerhalb weniger Jahre sterben. In achtzig oder neunzig Jahren werden wir alle, einschließlich des Dalai Lama, gestorben sein. Dann werden uns nur unsere spirituellen Verwirklichungen helfen.

Keinen gibt es, der, nachdem er wiedergeboren ist, sich immer weiter vom Tode entfernen würde. Vielmehr rücken wir ihm immer näher, wie Tiere, die man zum Schlachten führt. Genauso wie Kühe und Ochsen vom Kuhhirten geschlagen und zum Kuhstall zurückgeführt werden, bewegen wir uns, gepeinigt von den Leiden der Geburt, der Krankheit, des Alterns und des Todes, immer näher auf das Ende unseres Lebens zu. Alles in dieser Welt ist der Vergänglichkeit unterworfen und wird schließlich zerfallen. Wie der Siebte Dalai Lama sagte: Junge Menschen, die äußerst kräftig und gesund wirken, aber früh sterben, sind eigentlich Meister, die uns über die Vergänglichkeit belehren. Von all den Menschen, die wir kennen oder nur gesehen haben, wird in hundert Jahren keiner mehr übrig sein. Der Tod läßt sich nicht mit Mantras verhüten oder dadurch, daß man bei einem mächtigen politischen Führer Zuflucht sucht.

Im Laufe meines Lebens bin ich so vielen Menschen begegnet. Jetzt sind sie nur noch Gegenstände meiner Erinnerung. Heute begegne ich einer wachsenden Anzahl anderer Menschen. Es ist gerade so, als ob man einem Schauspiel zusähe: Nachdem die Menschen ihre Rolle gespielt haben, wechseln sie das Kostüm und treten erneut auf. Wenn wir unser kurzes Leben unter dem Einfluß von Begierde und Haß hinbringen, wenn wir um dieses kurzen Lebens willen unsere Verblendungen vermehren, ist der Schaden, den wir anrichten werden, sehr langfristig, weil er unsere Aussichten auf Erlangung endgültiger Glückseligkeit vernichtet.

Wenn wir bisweilen in banalen weltlichen Angelegenheiten keinen Erfolg haben, macht das nicht viel aus, aber wenn wir diese kostbare Gelegenheit, die uns das Menschenleben bietet, vergeuden, werden wir uns auf lange Sicht selber preisgeben. Die Zukunft liegt in unserer Hand – ob wir äußerstes Leid erdulden wollen, indem wir in die Bereiche nicht-menschlicher Existenz fallen, oder ob wir höhere Formen der Wiedergeburt erlangen wollen oder ob wir den Zustand der Erleuchtung erreichen wollen. Shantideva sagt, daß wir in diesem Leben die Gelegenheit, die Verantwortung und die Fähigkeit haben, zu entscheiden und festzulegen, wie sich unser künftiges Leben gestalten wird. Wir sollten unseren Geist schulen, damit unser Leben nicht einmal einen Monat oder Tag lang nutzlos sein wird, und uns auf den Augenblick des Todes vorbereiten.

Wenn wir dieses Verständnis herausbilden können, wird unsere Motivation für spirituelle Praxis aus dem Inneren heraus erwachsen, und das ist das stärkste Motiv, das es gibt. Geshe Sha-ra-wa (1070–1141) sagte, sein bester Lehrer sei das Meditieren über die Vergänglichkeit. Der Buddha Shakyamuni sagte in seiner ersten Lehre, die Grundlage des Leidens sei die Vergänglichkeit.

Wenn sie dem Tode gegenüberstehen, werden die besten Übenden hocherfreut sein, die Übenden der mittleren Ebene werden gut darauf vorbereitet sein, und selbst die Übenden der untersten Ebene werden kein Bedauern empfinden. Wenn wir die letzten Tage unseres Lebens erreichen, ist es sehr wichtig, nicht einmal einen Stich des Bedauerns zu empfinden: Sonst könnte die Negativität, die wir zum Zeitpunkt des Todes erfahren, sich auf unsere nächste Wiedergeburt auswirken. Die beste Methode, das Leben mit

Sinn zu erfüllen, besteht darin, den Pfad des Mitgefühls einzuschlagen.

Wenn du über den Tod und die Vergänglichkeit nachdenkst, wirst du beginnen, dein Leben mit Sinn zu erfüllen. Möglicherweise meinst du, es habe keinen Zweck, jetzt über den Tod nachzudenken, da du früher oder später sowieso sterben mußt; es würde dich ja nur deprimieren und beunruhigen. Aber sich des Todes und der Vergänglichkeit bewußt zu sein kann große Vorteile haben. Wenn unser Geist von dem Gefühl beherrscht wird, daß wir nicht dem Tode unterworfen sind, wird es uns mit unserer Praxis nie ernst sein, und wir werden nie auf dem spirituellen Pfad vorwärtskommen. Der Glaube, du würdest nicht sterben, ist der größte Hemmschuh für den spirituellen Fortschritt: Du wirst dich nicht auf den Dharma besinnen, du wirst dem Dharma nicht folgen, auch wenn du dich möglicherweise darauf besinnst, und du wirst dem Dharma nicht rückhaltlos folgen, auch wenn du ihm möglicherweise bis zu einem gewissen Grade folgst. Wenn du dich nicht mit dem Tode auseinandersetzt, wirst du deine Praxis niemals ernst nehmen. Von Trägheit bezwungen, wirst du es in deiner Übung an Anstrengung und Schwung fehlen lassen, und du wirst ständig mit Ermüdung zu kämpfen haben. Du wirst gutem Ruf, materiellem Reichtum und weltlichem Glück zutiefst verhaftet sein.

Wenn wir so viel von diesem Leben halten, neigen wir dazu, für jene zu arbeiten, die wir gern haben – unsere Angehörigen und Freunde –, und wir sind bestrebt, sie glücklich zu machen. Wenn dann andere versuchen, ihnen zu schaden, stempeln wir diese gleich als unsere Feinde ab. Auf die Weise wachsen Verblendungen, etwa Begierde und Haß, an wie ein Fluß zur Überschwemmungszeit im Sommer. Diese Verblendungen veranlassen uns zwangsläufig dazu, uns allen möglichen negativen Handlungen hinzugeben, deren Konsequenz die künftige Wiedergeburt in niederen Existenzformen sein wird.

Infolge einer kleinen Ansammlung von Verdienst haben wir bereits ein kostbares Menschenleben erhalten. Jedes noch verbleibende Verdienst wird sich in diesem Leben als ein relatives Ausmaß an weltlichem Glück manifestieren. So wird das kleine Kapital, das wir haben, bereits ausgegeben sein, und wenn wir nicht neues ansammeln, ist das so, als ob wir unsere Ersparnisse ausgäben, ohne eine neuerliche Einzahlung vorzunehmen. Wenn wir einfach unseren Vorrat an Verdienst aufbrauchen, werden wir früher oder später in ein künftiges Leben von noch größerem Leiden getrieben werden.

Es heißt, daß wir, wenn wir nicht das richtige Todesbewußtsein haben, in den Klauen von Angst und Reue sterben werden. Dieses Gefühl kann uns in die niederen Bereiche schicken. Viele Menschen vermeiden es, überhaupt vom Tod zu sprechen. Sie vermeiden es, an das Schlimmste zu denken; folglich werden sie, wenn es tatsächlich eintritt, überrumpelt und sind absolut unvorbereitet. Buddhistische Praxis rät uns, Unglücksfälle nicht zu ignorieren, sondern sie zur Kenntnis zu nehmen und sich ihnen zu stellen, indem wir uns auf sie gleich von Anfang an vorbereiten, so daß das Leid, wenn wir es tatsächlich erfahren, nicht völlig unerträglich ist. Einem Problem einfach auszuweichen trägt nichts zu seiner Lösung bei, sondern kann es faktisch verschlimmern.

Manche Menschen sagen, die buddhistische Praxis lege offenbar besonderen Nachdruck auf Leid und Pessimismus. Ich finde das völlig unzutreffend. Tatsächlich ist die buddhistische Praxis bestrebt, einen immerwährenden Frieden zu erlangen – etwas, das für einen durchschnittlichen Geist unfaßbar ist – und Leiden ein für allemal loszuwerden. Buddhisten geben sich nicht allein mit weltlichem Glück in diesem Leben oder mit der Aussicht auf weltliches Glück in einem künftigen Leben zufrieden, sondern sie trachten vielmehr nach einer endgültigen Glückseligkeit. Nun besteht die grundlegende buddhistische Anschauung darin, daß das Leiden eine Realität ist und daher seine bloße Vermeidung das Problem nicht lösen wird. Es ist erforderlich, sich dem Leiden zu stellen, es als Gegebenheit hinzunehmen und es zu analysieren, es zu erforschen, seine Ursachen zu bestimmen und herauszufinden, wie es sich meistern läßt. Wenn jene, die es vermeiden, über das Elend nachzudenken, von diesem tatsächlich getroffen werden, sind sie unvorbereitet und leiden mehr als jene, die sich mit dem Leiden, seinem Ursprung und seinen Auswirkungen, vertraut gemacht haben.

Ein Dharma-Schüler macht sich täglich Gedanken über den Tod, denkt über die Leiden der Menschen nach, das Leiden zur Zeit der Geburt, das Leiden des Alters, das Leiden der Krankheit und das Leiden des Todes. Jeden Tag gehen Tantriker in ihrer Vorstellung durch den Todesprozeß. Das ist wie ein tagtäglich vollzogenes mentales Sterben. Wegen ihrer Vertrautheit mit dem Tode werden sie durchaus vorbereitet sein, wenn sie ihn dann tatsächlich erfahren. Wenn du durch ein sehr gefährliches und schreckenerregendes Gelände gehen mußt, solltest du dich vorher über die Gefahren informieren und darüber, wie man mit ihnen fertig wird. Nicht im voraus über sie nachzudenken wäre unklug. Ob es dir gefällt oder nicht, du mußt dorthin; darum ist es besser, vorbereitet zu sein, damit du weißt, wie man sich verhält, wenn die Schwierigkeiten auftreten.

Wenn du ein vollkommenes Todesbewußtsein hast, wirst du das sichere Gefühl haben, daß du bald sterben wirst. Wenn du dann erfährst, daß du heute oder morgen sterben wirst, wirst du aufgrund deiner spirituellen Praxis versuchen, dich von Gegenständen des begehrlichen Anhaftens loszulösen, indem du dich deiner Habe entledigst und alles weltliche Glück als absolut substanz- oder bedeutungslos ansiehst. Du wirst versuchen, deine ganze Kraft auf deine Praxis zu verwenden. Der Vorteil, sich des Todes bewußt zu sein, liegt darin, daß dies das Leben mit Sinn erfüllt; und da du höchste Freude empfindest, wenn die Zeit des Todes naht, wirst du ohne jedes Bedauern sterben.

Wenn du über die generelle Gewißheit des Todes und die Ungewißheit seines Zeitpunkts nachdenkst, wirst du dir alle Mühe geben, dich auf die Zukunft vorzubereiten. Du wirst begreifen, daß das weltliche Glück und die Tätigkeiten deines Lebens substanzlos und unwichtig sind. Dann wird dir das Arbeiten für das langfristige Wohl deiner selbst und anderer viel wichtiger erscheinen, und dein Leben wird von dieser Einsicht gelenkt werden. Genau wie Milarepa sagte: Früher oder später mußt du ohnehin alles zurücklassen, warum gibst du es da nicht gleich jetzt auf? Trotz unserer ganzen Anstrengungen, einschließlich der Einnahme von Arzneien oder der Durchführung lebensverlängernder Rituale, ist es sehr unwahrscheinlich, daß irgend jemand länger als hundert Jahre leben wird. Es gibt einige Sonderfälle, aber in sechzig oder siebzig Jahren werden die meisten heutigen Leser dieses Buches nicht mehr am Leben sein. In hundert Jahren wird unsere Zeit bloß noch ein Gegenstand historischer Betrachtung sein.

Sobald der Tod kommt, helfen einem nur noch das Mitgefühl und das Verständnis des Wesens der Wirklichkeit, das man bis dahin erlangt hat. In dieser Hinsicht ist es sehr wichtig, kritisch abzuwägen, ob es ein Leben nach dem Tode gibt oder nicht. Vergangenes und künftiges Leben existiert aus den folgenden Gründen: Bestimmte Denkmuster aus dem letzten Jahr, dem Jahr davor und selbst aus der Kindheit kann man sich jetzt ins Gedächtnis zurückrufen. Dies zeigt deutlich, daß ein dem gegenwärtigen Bewußtsein vorausgehendes Bewußtsein existierte. Auch das erste Bewußtseinsmoment in diesem Leben ist nicht ohne Ursache entstanden, noch ist es aus etwas Beständigem oder Unbelebtem geboren. Ein Bewußtseinsmoment ist durch Klarheit und Wissen gekennzeichnet. Daher muß ihm etwas vorausgehen, das ebenfalls klar und wissend ist, ein früheres Bewußtseinsmoment. Es ist nicht plausibel anzunehmen, das erste Bewußtseinsmoment in diesem Leben könne von irgend etwas anderem herrühren als von einem früheren Leben.

Wenn der physische Leib auch als sekundäre Ursache für subtile geistige Veränderungen fungieren mag, kann er doch nicht die primäre Ursache sein. Materie kann sich nie in Geist verwandeln, und Geist kann sich nicht in Materie verwandeln. Daher muß Geist von Geist herrühren. Der Geist dieses gegenwärtigen Lebens kommt von dem Geist des vorhergehenden Lebens und dient als die Ursache für den Geist des nächsten Lebens. Wenn du über den Tod nachdenkst und dir seiner fortwährend bewußt bist, wird sich dein Leben mit Sinn erfüllen.

Nun, da wir uns über die großen Nachteile unseres instinktiven Greifens nach Dauerhaftigkeit im klaren sind, müssen wir dagegen ankämpfen und uns fortwährend des Todes bewußt bleiben, so daß wir motiviert sind, die Ausübung des Dharma ernsthafter auf uns zu nehmen. Tsong-kha-pa sagt, daß das Todesbewußtsein in seiner Wichtigkeit nicht auf das Anfangsstadium des Pfades beschränkt ist. Es ist die ganze Zeit über, in allen Stadien des Pfades, wichtig; es ist am Anfang, in der Mitte und ebenso am Ende wichtig.

Das Todesbewußtsein, das wir herausbilden müssen, ist nicht die gewöhnliche, lähmende Furcht, von unseren Lieben und unseren Besitztümern getrennt zu werden. Wir müssen vielmehr lernen, uns davor zu fürchten, daß wir sterben werden, ohne den Ursachen für ein Wiedergeborenwerden in niederen Existenzformen ein Ende gesetzt zu haben, und daß wir sterben werden, ohne die notwendigen Ursachen und Bedingungen für eine günstige künftige Wiedergeburt angesammelt zu haben. Wenn wir diese zwei Ziele nicht erreichen, werden wir zum Zeitpunkt des Todes von heftiger Furcht und Reue gepackt werden.

Wenn wir unser ganzes Leben damit verbringen, uns negativen, von Haß und Begierde hervorgerufenen Handlungen hinzugeben, werden wir nicht nur zeitweiligen, sondern auch langfristigen Schaden anrichten, weil wir eine umfangreiche Sammlung von Ursachen und Bedingungen für unseren eigenen Niedergang in künftigen Leben anhäufen und speichern. Die Furcht davor wird uns dazu anregen, auch unser tagtägliches Leben zu etwas Sinnvollem zu machen. Nachdem wir ein Todesbewußtsein erlangt haben, werden wir das weltliche Glück und die Angelegenheiten dieses Lebens als unwichtig ansehen und für eine bessere Zukunft arbeiten. Darin liegt der Zweck des Meditierens über den Tod. Wenn wir den Tod jetzt fürchten, werden wir versuchen, eine Methode zur Überwindung unserer Furcht und Reue zum Zeitpunkt des Todes zu finden. Wenn wir hingegen versuchen, eben jetzt der Furcht vor dem Tode auszuweichen, werden wir zum Zeitpunkt des Todes von Reue gepackt werden.

Tsong-kha-pa sagt, daß uns alles, was uns widerfährt, über die Vergänglichkeit belehren wird, sobald unsere Betrachtung der Vergänglichkeit sehr sicher und gefestigt ist. Er sagt, daß der Prozeß der Annäherung an den Tod unmittelbar mit der Empfängnis beginnt und daß, sobald wir ins Leben treten, dieses fortwährend der Krankheit und dem Altern ausgesetzt ist. Während wir gesund und bei Kräften sind, sollten wir uns nicht dazu verleiten lassen zu glauben, daß wir nicht sterben werden. Wir sollten nicht vergeßlich in Freude schwelgen, wenn es uns gutgeht; es ist besser, auf unser künftiges Schicksal vorbereitet zu sein. Zum Beispiel ist jemand, der von einem hohen Felsen stürzt, erst froh, wenn er auf dem Boden aufkommt.

Selbst während wir bei Kräften sind, ist für die Praxis des Dharma sehr wenig Zeit. Auch wenn wir annehmen, daß wir lange, vielleicht hundert Jahre, leben können, sollten wir nie dem Eindruck nachgeben, daß wir ja später noch Zeit haben werden, den Dharma auszuüben. Wir sollten uns auf keinerlei Verzögerung einlassen, denn diese ist eine Form der Trägheit. Die Hälfte des Lebens verbringt man im Schlaf, und den größten Teil der übrigen Zeit werden wir von weltlichen Aktivitäten abgelenkt. Wenn wir alt werden, nimmt unsere physische und geistige Kraft ab, und selbst wenn wir dann den Wunsch hätten zu üben, wird es bereits zu spät sein, weil wir gar nicht mehr fähig sind, den Dharma zu befolgen. Genau wie es eine Schrift formuliert: Die Hälfte des Lebens vertut man im Schlaf, zehn Jahre lang sind wir Kinder, und zwanzig Jahre lang sind wir alt; und in der Zeit dazwischen quälen uns Sorgen, Kummer, Leid und Depressionen, so daß für die Ausübung des Dharma kaum noch Zeit bleibt.

Wenn wir ein Leben von sechzig Jahren leben und die ganze Zeit bedenken, die wir als Kinder verbringen, die ganze Zeit, in der wir schlafen, und die Zeit, in der wir alt sind, werden wir feststellen, daß nur wenige Jahre bleiben, die wir der ernsthaften Ausübung des Dharma widmen können. Wenn wir uns nicht energisch bemühen, die Ausübung des Dharma auf uns zu nehmen, sondern statt dessen in gewohnter Weise weiterleben, werden wir ganz gewiß unser Leben in zielloser Müßigkeit verbringen. Gung-thang Rinpoche sagte, halb im Scherz: »Ich verbrachte zwanzig Jahre ohne einen Gedanken daran, den Dharma auszuüben, und dann verbrachte ich weitere zwanzig Jahre mit dem Gedanken, daß ich ihn später ausüben würde, und dann verbrachte ich zehn Jahre mit Gedanken darüber, wie ich mir die Chance hatte entgehen lassen, den Dharma auszuüben.«

Als ich noch ein Kind war, geschah nicht viel. Im Alter von etwa vierzehn oder fünfzehn Jahren begann ich, mich ernsthaft für den Dharma zu interessieren. Dann kamen die Chinesen, und ich verbrachte viele Jahre in allen möglichen politischen Wirren. Ich ging nach China, und 1956 besuchte ich Indien. Danach kehrte ich nach Tibet zurück, und wieder verstrich durch die Beteiligung an politischen Angelegenheiten einige Zeit. Das Beste, an das ich mich erinnern kann, ist mein Geshe-Examen (der höchste Studienabschluß an tibetischen Klosteruniversitäten), nach dem ich mein Land verlassen mußte. Ich bin nun mehr als dreißig Jahre im Exil, und obwohl ich etwas Studium und Ausübung des Dharma zuwege gebracht habe, verstreicht der größte Teil meines Lebens müßig und ohne viel Nutzen. Ich bin noch nicht an dem Punkt angelangt, an dem man bereut, das Üben versäumt zu haben. Wenn ich es von der Ausübung des höchsten Yoga-Tantra[10] her betrachte, dann gibt es bestimmte Aspekte des Pfades, die ich nicht üben kann, weil meine körperliche Konstitution mit zunehmendem Alter allmählich immer schlechter wird. Die Zeit für das Üben des Dharma kommt nicht von selbst, sondern muß bewußt eingeplant werden.

Wenn man auf eine große Reise gehen will, ist es zu einem bestimmten Zeitpunkt erforderlich, Vorbereitungen zu treffen. Wie ich immer wieder gerne sage: Wir sollten fünfzig Prozent unserer Zeit und Energie auf die Belange unserer zukünftigen Lebenszeiten und etwa fünfzig Prozent auf die Angelegenheiten dieser Lebenszeit verwenden.

Es gibt viele Todesursachen und nur sehr wenige Ursachen dafür, daß man am Leben bleibt. Außerdem können jene Dinge, die wir normalerweise als lebenserhaltend betrachten, wie etwa Nahrung und Medizin, zu Todesursachen werden. Viele unserer heutigen Krankheiten sollen durch unsere Ernährungsweise verursacht sein. Die in der Landwirtschaft eingesetzten Chemikalien tragen zu schlechter Gesundheit bei und verursachen ein gestörtes Gleichgewicht im Körperhaushalt. Der menschliche Körper ist so feinfühlig und zart, daß man, wenn er zu korpulent ist, alle möglichen Probleme hat: Man kann nicht richtig gehen, man hat hohen Blutdruck, und der eigene Leib wird einem zur Last. Andererseits, wenn man zu dünn ist, hat man wenig Stärke oder Widerstandskraft, was zu allen möglichen Schwierigkeiten anderer Art führt. Wenn man jung ist, ärgert man sich, nicht zu den Erwachsenen zu zählen, und wenn man sehr alt ist, hat man das Gefühl, als sei man aus der Gesellschaft verstoßen worden. Wenn der Schaden etwas von außen Zugefügtes wäre, dann wäre man möglicherweise irgendwie in der Lage, ihn zu vermeiden; man könnte sich unter die Erde begeben oder sich im Ozean versenken. Aber wenn der Schaden von innen kommt, dann läßt sich nicht viel ausrichten.

Während wir frei von Krankheit und Beeinträchtigung sind und einen gesunden Körper haben, müssen wir aus unserem vitalen Stadium Nutzen ziehen und uns seiner innersten Substanz bemächtigen. Sich der Substanz des Lebens zu bemächtigen bedeutet: zu versuchen, einen Zustand zu erreichen, der völlig frei von Krankheit, Sterblichkeit, Ver-

fall und Furcht ist – das heißt, einen Zustand der Befreiung und Allwissenheit.
Der reichste Mensch der Welt kann im Tode kein einziges Besitztum mitnehmen. Tsong-kha-pa sagt: Wenn wir schon diesen Körper, den wir so liebgehabt und als unser Eigentum bezeichnet haben und der uns seit unserer Geburt als unser ältester Gefährte begleitet, hinter uns lassen müssen, dann kann gar keine Rede davon sein, daß wir materielle Habe nicht hinter uns lassen müßten. Die meisten Menschen versuchen bloß, etwas Wohlstand und Glück in diesem Leben zu erlangen, und wenden dafür so viel Energie und Zeit auf. Aber zum Zeitpunkt des Todes müssen alle unsere weltlichen Tätigkeiten, wie etwa die Fürsorge für unsere Angehörigen und Freunde und der Wettbewerb mit unseren Konkurrenten, unvollendet bleiben. Und hätte man auch genügend Nahrung, um hundert Jahre lang seinen Bedarf zu decken – zum Zeitpunkt des Todes wird man doch hungern müssen; und hätte man auch Kleidung, die hundert Jahre lang reichen würde – zum Zeitpunkt des Todes wird man doch nackt dahingehen müssen. Wenn der Tod uns ereilt, gibt es keinen Unterschied zwischen der Art, wie ein König stirbt, der sein Reich zurückläßt, und der Art, wie ein Bettler stirbt, der seinen Stock zurückläßt.
Du solltest versuchen, dir eine Situation vorzustellen, in der du krank bist. Stell dir vor, du hast eine schwere Krankheit, und deine ganze physische Kraft ist verbraucht; du bist zutiefst erschöpft, und auch Arzneien helfen nichts mehr. Wenn der Zeitpunkt des Todes kommt, wird der Arzt auf zweierlei Weise reden. Zum Patienten wird er sagen: »Keine Sorge! Bald geht's Ihnen wieder besser. Es gibt keinen Grund zur Beunruhigung; entspannen Sie sich einfach!« Zu den Angehören wird er sagen: »Der Zustand ist sehr ernst. Sie sollten Vorkehrungen treffen, daß die Sterberiten

durchgeführt werden.« Zu diesem Zeitpunkt wirst du keine Gelegenheit mehr haben, liegengebliebene Arbeit oder deine Übungen zu Ende zu bringen.

Wenn du dich hinlegst, wird dein Körper so schwach sein, daß du dich kaum rühren kannst. Dann löst sich die Hitze deines Körpers nach und nach auf, und du spürst, daß dein Körper ganz starr geworden ist, wie ein Baum, der auf dein Bett gefallen ist. Du wirst tatsächlich anfangen, deinen eigenen Leichnam zu sehen. Deine letzten Worte werden kaum noch hörbar sein, und die Menschen um dich herum werden alle Mühe haben zu verstehen, was du sagst. Deine letzte Nahrung wird keine köstliche Speise sein, sondern eine Dosis Tabletten; du wirst nicht mehr die Kraft haben, sie hinunterzuschlucken. Du wirst deine engsten Freunde verlassen müssen; es kann Ewigkeiten dauern, bis du ihnen wieder begegnest. Dein Atemrhythmus wird sich ändern und laut werden. Nach und nach wird er immer ungleichmäßiger werden, wobei das Ein- und Ausatmen immer schneller erfolgt. Schließlich wird es noch ein letztes, sehr schweres Ausatmen geben, und damit wird dein Atem zu Ende sein. Das ist das Kennzeichen für den Tod, für das, was man üblicherweise darunter versteht. Danach wird dein Name, der bei deinen Freunden und Angehörigen solche Freude hervorrief, sobald sie ihn hörten, mit einer vorangestellten Formel versehen sein: »der verstorbene …«.

Es ist entscheidend, daß der Geist zum Zeitpunkt des Todes in tugendhaftem Zustand ist. Es ist die letzte Chance, die wir haben, und es ist eine Chance, die man wahrnehmen sollte. Obwohl wir möglicherweise ein sehr negatives Leben gelebt haben, sollten wir uns doch zur Zeit des Todes große Mühe geben, einen tugendhaften Geisteszustand zu kultivieren. Wenn wir imstande sind, zum Zeitpunkt des Todes ein sehr starkes und intensives Mitgefühl zu entwickeln, dann besteht Hoffnung, daß wir im nächsten Leben in einer günstigen Daseinsform zur Wiedergeburt kommen. Allgemein gesagt, spielt dabei feinfühlige Zuwendung eine große Rolle. Wenn Menschen krank sind und im Sterben liegen, ist es bedauerlich, wenn andere dem Sterbenden Gelegenheit bieten, Haß oder Begierde zu empfinden. Zuallermindest sollte man der sterbenden Person Bilder von Buddhas und Bodhisattvas zeigen, so daß sie oder er sie sehen und versuchen kann, ihnen gegenüber ein starkes Vertrauen zu entwickeln und in einer verheißungsvollen Geistesverfassung zu sterben. Ist dies nicht möglich, so ist es sehr wichtig, daß die Pflegepersonen und Verwandten dem Sterbenden keinerlei Anlaß geben, in Erregung zu geraten. Zu diesem Zeitpunkt kann ihn ein sehr starkes Gefühl wie Begierde oder Haß in einen Zustand großen Leidens und mit ziemlicher Wahrscheinlichkeit in eine niedere Wiedergeburt versetzen.

Beim Nahen des Todes können bestimmte, auf die Zukunft verweisende Symptome auftreten. Personen mit tugendhaftem Geist werden das Gefühl haben, daß sie aus der Finsternis ins Licht oder ins Offene hinaustreten. Sie werden sich glücklich fühlen, Erscheinungen schöner Dinge sehen und beim Sterben kein heftiges Leid empfinden.

Wenn Menschen zum Zeitpunkt des Todes sehr starke Empfindungen von Begierde oder Haß haben, werden sie alle möglichen Halluzinationen sehen und große Angst empfinden. Manche haben das Gefühl, als ob sie in die Finsternis hineingingen; andere haben das Gefühl, daß sie brennen. Ich habe einige Leute kennengelernt, die sehr krank gewesen waren und die mir erzählten, daß sie während ihrer schweren Krankheit die Vision hatten, verbrannt zu werden. Dies ist ein Hinweis auf ihr künftiges Los. Infolge solcher Symptome wird sich die sterbende Person tief bestürzt fühlen und schreien und stöhnen und das Gefühl haben, als würde der ganze Körper nach unten gezogen. Sie oder er wird zum Zeitpunkt des Todes heftige Schmerzen haben. All dies rührt letztlich von begehrlichem Anhaften her, das auf das eigene Ich gerichtet ist. Die Sterbenden wissen, daß die Person, der sie bisher so zugetan waren, jetzt sterben wird.

Es heißt, daß bei jenen, die sich in ihrem Leben größtenteils negativem Handeln hingegeben haben, wenn sie sterben, der Prozeß der Auflösung der Körperwärme vom oberen Teil des Körpers ausgeht, bis er das Herz erreicht. Von den Tugendhaften heißt es, daß bei ihnen die Auflösung der Wärme von unten, von den Beinen, ausgeht und am Ende das Herz erreicht. In jedem Fall verläßt das Bewußtsein letztlich vom Herzen aus den Körper.

Nach dem Tode geht man in einen Zwischenzustand über, den Bardo. Der Körper hat im Zwischenzustand mehrere einzigartige Eigenschaften: Alle physischen Sinne sind vollständig, und er hat ein physisches Äußeres, das mit dem physischen Äußeren des Wesens, als das er demnächst wiedergeboren werden wird, identisch ist. Zum Beispiel wird er, falls er als Mensch wiedergeboren werden soll, ein menschliches Äußeres haben. Wenn er als Tier wiedergeboren werden soll, wird er das physische Äußere des betreffenden Tieres haben.

Das Wesen im Zwischenzustand hat ein so starkes Sehvermögen, daß es durch kompakte Gegenstände hindurchsehen kann, und es ist imstande, sich ungehindert überallhin zu begeben. Wesen des Zwischenzustandes sind nur für Zwischenwesen derselben Art sichtbar. Wenn zum Beispiel ein Zwischenwesen dazu bestimmt ist, als Mensch wiedergeboren zu werden, wird es nur für Zwischenwesen sichtbar sein, die zu einer Wiedergeburt als Menschen bestimmt sind.

Zwischenwesen des Gottesbereichs gehen aufwärts und blicken aufwärts, Zwischenwesen des Menschenbereichs gehen geradeaus und blicken geradeaus. Von den Zwischenwesen derjenigen, die sich negativen Handlungen hingegeben haben und zur Wiedergeburt in niederen Bereichen bestimmt sind, heißt es, daß sie sich mit dem Kopf nach unten voranbewegen.

Die in diesem Zwischenzustand verbrachte Zeitspanne beträgt sieben Tage. Wenn das Zwischenwesen nach einer Woche passende Umstände antrifft, wird es in dem angemessenen Existenzbereich wiedergeboren. Wenn nicht, muß es noch einmal einen kleinen Tod sterben und abermals als Zwischenwesen erstehen. Das kann siebenmal geschehen, aber nach 49 Tagen kann es kein Zwischenzustands-Wesen mehr bleiben und muß wiedergeboren werden, ob es ihm gefällt oder nicht. Wenn die Zeit für seine Wiedergeburt gekommen ist, sieht es Wesen von seiner Art spielen und entwickelt den Wunsch, sich ihnen anzuschließen. Die reproduktiven Flüssigkeiten der künftigen Eltern, der Samen und das Ei, haben rein äußerlich nichts mit ihm gemein. Auch wenn die Eltern nicht wirklich miteinander schlafen, wird das Zwischenwesen die Illusion haben, daß sie es tun, und wird den begehrlichen Drang verspüren, sich an sie zu binden.

Von jemandem, der als Mädchen geboren werden soll, heißt es, daß dieses Wesen Abscheu gegen die Mutter empfinden und aus begehrlichem Drang nach Bindung versuchen wird, mit dem Vater zu schlafen. Wenn jemand als Junge geboren werden soll, wird er Abscheu gegen den Vater empfinden, aber einen begehrlichen Drang zur Mutter haben und versuchen, mit ihr zu schlafen. Von solcher Begierde bewegt, geht er oder sie dorthin, wo die Eltern sind. Dann aber zeigt sich diesem Wesen kein Körperteil der Eltern außer den

Geschlechtsorganen, und folglich fühlt sich das Wesen frustriert und verärgert. Diese Wut dient als die Bedingung für sein Verscheiden aus dem Zwischenzustand, und es wird in der Gebärmutter wiedergeboren.

Es heißt, daß sich beim Koitus der Eltern, sobald sie den Orgasmus erreichen, ein oder zwei Tropfen aus dickflüssigem Samen und Ei miteinander vermischen wie Rahm auf der Oberfläche gekochter Milch. In diesem Moment endet das Bewußtsein des Zwischenwesens und geht in die Mischung ein. Das ist gleichbedeutend mit dem Eindringen in die Gebärmutter.

Wie gesagt, auch wenn die Eltern gar nicht miteinander schlafen, hat das Zwischenwesen die Illusion, daß sie es tun, und wird sich an den Ort begeben. Daraus läßt sich folgern, daß es Fälle gibt, in denen die Eltern zwar gar nicht miteinander schlafen, das Bewußtsein aber trotzdem in die physischen Grundstoffe eingehen kann. Das liefert eine Erklärung für die heutigen Retortenbabys. Wenn nämlich die Flüssigkeiten der Eltern zusammengebracht, vermischt und in ein Glasröhrchen gefüllt werden, kann das Bewußtsein in diese Mischung eingehen, ohne daß ein tatsächlicher Koitus stattfindet.

Shantideva sagt, daß auch Tiere es darauf anlegen, in diesem Leben Lust zu erfahren und Schmerz zu vermeiden. Wir müssen unsere Aufmerksamkeit der Zukunft zuwenden; andernfalls unterscheiden wir uns in keiner Weise von den Tieren. Todesbewußtsein ist die eigentliche Grundlage des gesamten Pfades. Ehe man nicht dieses Bewußtsein entwikkelt hat, bleiben einem alle übrigen Praktiken verwehrt. Der Dharma ist der Wegweiser, der uns durch unbekanntes Gebiet leitet; der Dharma ist die Nahrung, die uns auf unserer Reise Kraft gibt; der Dharma ist der Kapitän, der uns zur unbekannten Küste des Nirvana bringt. Stecke deshalb deine ganze körperliche, sprachliche und geistige Energie in die Ausübung des Dharma.

Von der Meditation über Tod und Vergänglichkeit zu reden ist sehr leicht, aber das tatsächliche Üben ist wirklich sehr schwierig. Und wenn wir uns der Übung zuwenden, bemerken wir manchmal keine große Veränderung, besonders wenn wir nur Gestern und Heute miteinander vergleichen. Es besteht Gefahr, daß man die Hoffnung verliert und mutlos wird. In solchen Situationen ist es ziemlich hilfreich, nicht Tage und Wochen zu vergleichen, sondern vielmehr zu versuchen, unseren gegenwärtigen Geisteszustand mit dem vor fünf oder zehn Jahren zu vergleichen; dann werden wir erkennen, daß eine gewisse Veränderung eingetreten ist. Wir bemerken möglicherweise eine Veränderung in unserer Weltanschauung, in unserem Verständnis, in unserer Spontaneität, in unserem Ansprechen auf die Übungen. Das allein ist schon eine Quelle großer Ermutigung; es gibt uns wirklich Hoffnung, weil es zeigt, daß das Potential für weiteren Fortschritt vorhanden ist, wenn wir uns ernstlich Mühe geben. Mutlos zu werden und zu beschließen, unsere Übung des Dharma auf einen günstigeren Zeitpunkt zu verschieben, ist wirklich sehr gefährlich.

Kapitel 5

Wiedergeburt

Das Karma kann als Gesetz von Ursache und Wirkung weitgehend in demselben Sinne verstanden werden, wie es den Physikern geläufig ist:

daß es nämlich für jede Aktion eine gleichwertige, aber entgegengesetzte Reaktion gibt. Wie in der Physik ist nicht immer vorhersagbar, welche Form diese Reaktion annehmen wird, aber manchmal können wir die Reaktion voraussagen und etwas tun, um die Folgen zu mildern. Die Wissenschaft arbeitet an Verfahren zur Säuberung der Umwelt, jetzt, da diese verschmutzt ist, und eine wachsende Anzahl anderer Wissenschaftler versucht, eine weitere Verschmutzung zu verhüten. Gleicherweise wird unser zukünftiges Leben durch unsere gegenwärtigen Handlungen sowie durch jene aus unserer unmittelbaren Vergangenheit und unserem vergangenen Leben bestimmt. Die Ausübung des Dharma ist dazu da, die Folgen unserer karmischen Handlungen zu mildern und jede weitere Verschmutzung durch negative Gedanken und Handlungen zu verhüten. Andernfalls werden uns solche negativen Gedanken und Handlungen in eine Wiedergeburt voll ungeheurem Leid versetzen. Früher oder später werden wir sterben, und früher oder später müssen wir wiedergeboren werden. Die Existenzbereiche, in denen wir wiedergeboren werden können, sind auf zwei beschränkt, den günstigen und den ungünstigen. Wo wir wiedergeboren werden, hängt vom Karma ab. Karma wird von einem Handlungsträger, einer Person, einem Lebewesen, geschaffen. Lebewesen sind nichts anderes als das Selbst, sofern wir von der Kontinuität des Bewußtseins als Grundvoraussetzung ausgehen. Die Essenz des Bewußtseins ist Leuchtkraft und Klarheit. Es ist ein Wirkungsprinzip des Erkennens, dem als Ursache ein früheres Bewußtseinsmoment vorausgeht. Wenn wir verstehen lernen, daß die Kontinuität des Bewußtseins nicht innerhalb einer Lebenszeit aufgebraucht werden kann, wird uns auch klar, daß es für die Möglichkeit eines Lebens nach dem Tode logischen Rückhalt gibt. Falls wir von der Kontinuität des Bewußtseins nicht überzeugt sind, so wissen wir zumindest, daß es kein Beweismittel gibt, das die Theorie von einem Leben nach dem Tode widerlegen könnte. Wir können sie nicht beweisen, aber wir können sie auch nicht widerlegen. Es gibt viele Fälle von Menschen, die sich lebhaft an ihre früheren Leben erinnern. Das ist kein auf Buddhisten beschränktes Phänomen. Es gibt Menschen mit derartigen Erinnerungen, deren Eltern nicht an ein Leben nach dem Tode oder an vergangene Leben glauben. Ich kenne drei Fälle von Kindern, die fähig waren, sich an ihre vergangenen Leben klar und deutlich zu erinnern. In einem Fall war die Erinnerung an das vergangene Leben so plastisch, daß die Eltern, obwohl sie nicht an ein Leben nach dem Tode glaubten, aufgrund der Deutlichkeit der Erinnerungen ihres Kindes heute davon überzeugt sind. Das Mädchen erinnerte sich nicht nur deutlich daran, in einem nahe gelegenen, von ihm wiedererkannten Dorf gelebt zu haben, sondern es war imstande, seine früheren Eltern zu identifizieren, die es unmöglich von einer anderen Gelegenheit her kennen konnte. Wenn es kein Leben nach dem Tode gibt, dann gibt es auch kein vergangenes Leben, und wir müssen eine andere Erklärung für diese Erinnerungen finden. Es gibt auch viele Fälle von Eltern, die zwei Kinder auf dieselbe Art, in derselben Gesellschaft und mit demselben Erfahrungshintergrund großgezogen haben, und doch hat das eine mehr Erfolg als das andere. Wir stellen fest, daß solche Unterschiede aufgrund der Unterschiede in unseren vergangenen karmischen Handlungen entstehen.

Der Tod ist nichts anderes als die Trennung des Bewußtseins vom physischen Körper. Wenn man dieses als Bewußtsein bezeichnete Phänomen nicht akzeptiert, dann ist es meiner Meinung nach auch sehr schwierig, genau zu erklären, was Leben ist. Sobald Bewußtsein mit dem Körper verbunden wird und ihr Zusammenhang andauert, nennen wir das Leben, und sobald Bewußtsein seinen Zusammenhang mit einem bestimmten Körper beendigt, nennen wir das Tod. Obwohl unser Körper eine Anhäufung von chemischen oder physikalischen Bestandteilen ist, bildet eine Art subtiles Wirkprinzip aus reiner Leuchtkraft das Leben der Lebewesen. Da dieses Prinzip nicht physisch ist, können wir es nicht messen, aber das bedeutet nicht, daß es nicht existiert. Wir haben so viel Zeit, Energie und Forschung auf die Erkundung der äußeren Welt verwendet, aber wenn wir jetzt den Ansatz ändern und diese ganze Erkundung, Forschung und Energie nach innen richten und beginnen, dort Untersuchungen anzustellen, dann glaube ich wirklich, daß wir die Möglichkeit haben, die wahre Beschaffenheit des Bewußtseins – diese Klarheit, diese Leuchtkraft – in uns selbst zu erkennen.

Der buddhistischen Erklärung nach soll das Bewußtsein ungehindert und nicht-physisch sein, und aus den Handlungen dieses Bewußtseins gehen alle Gefühle, alle Verblendungen und alle menschlichen Fehler hervor. Es liegt jedoch auch im Wesen des Bewußtseins, daß man all diese Fehler und Verblendungen ausmerzen und dauerhaften Frieden und Glückseligkeit erlangen kann. Da das kontinuierliche Bewußtsein die Basis für Existenz und Erleuchtung ist, gibt es ein umfangreiches Schrifttum über dieses Thema. Wir wissen aus eigener Erfahrung, daß Bewußtsein oder Geist der Veränderung unterworfen ist, was mit einbegreift, daß es von Ursachen und Bedingungen abhängt, die es verändern, umwandeln und beeinflussen: den Bedingungen und Umständen unseres Lebens. Bewußtsein muß eine substantielle Ursache haben, die der Beschaffenheit des Bewußtseins selbst ähnlich ist, um entstehen zu können. Ohne ein vorausgehendes Bewußtseinsmoment kann es keinerlei Bewußtsein geben. Es entsteht nicht aus nichts, und es kann nicht zu nichts werden. Materie kann sich nicht in Bewußtsein verwandeln. Daher sollten wir imstande sein, die Kausalkette von Bewußtseinsmomenten zeitlich zurückzuverfolgen.

Die buddhistischen Schriften sprechen von Hunderten von Milliarden oder einer unendlichen Anzahl von Weltsystemen und davon, daß das Bewußtsein seit anfangsloser Zeit existiert. Ich glaube, daß es andere Welten gibt. Auch die neuzeitliche Kosmologie behauptet, daß es viele unterschiedliche Arten von Weltsystemen gibt. Obwohl Leben auf anderen Planeten bislang wissenschaftlich nicht beobachtet werden konnte, wäre es unlogisch, daraus zu folgern, daß Leben nur auf diesem Planeten möglich ist, der von diesem Sonnensystem abhängt, und nicht auch auf anderen Planetenarten. Buddhistische Schriften erwähnen sowohl das Vorhandensein von Leben in anderen Weltsystemen als auch unterschiedliche Arten von Sonnensystemen und eine unendliche Anzahl von Universen.

Wenn man nun die Wissenschaftler danach fragt, wie das

Universum entstand, dann haben sie eine Menge Antworten parat. Aber wenn man sie danach fragt, weshalb diese Evolution stattfand, dann wissen sie nicht zu antworten. Sie erklären sie im allgemeinen nicht mit dem Schöpfungsakt Gottes, weil sie objektive Beobachter sind, die dazu neigen, nur an das materielle Universum zu glauben. Manche sagen, daß sie bloß durch Zufall erfolgte. Nun ist aber diese Position selbst unlogisch, denn wenn etwas durch Zufall existieren soll, dann läuft das darauf hinaus zu behaupten, die Dinge hätten keinerlei Ursachen. Aber wir entnehmen unserem alltäglichen Leben, daß alles eine Ursache hat: Die Wolken verursachen Regen, der Wind wirbelt Samen herum, so daß neue Pflanzen wachsen. Nichts existiert ohne irgendeinen Grund.

Wenn die Evolution eine Ursache hat, dann gibt es zwei mögliche Erklärungen. Man kann annehmen, daß das Universum von Gott geschaffen wurde; in diesem Fall werden sich eine Menge Widersprüche ergeben, etwa der von der Notwendigkeit, daß auch das Leid und das Böse von Gott geschaffen worden sein müssen. Die andere Alternative besteht darin zu erklären, daß es eine unendliche Anzahl empfindender Wesen gibt, deren karmisches Potential dieses gesamte Universum kollektiv als Umwelt für sie schuf. Das von uns bewohnte Universum ist durch unsere eigenen Begierden und Handlungen geschaffen. Deshalb sind wir hier. Dies ist zumindest logisch.

Zum Zeitpunkt des Todes werden wir von der Wucht unserer eigenen karmischen Handlungen herumgewirbelt. Das Ergebnis negativer karmischer Handlungen ist die Wiedergeburt in niederen Bereichen. Um uns selbst von negativen Handlungen abzuschrecken, sollten wir versuchen, uns vorzustellen, ob wir imstande wären, die Leiden der niederen Bereiche zu ertragen. Nachdem wir eingesehen haben, daß

Glück eine Auswirkung positiver Handlungen ist, wird es uns große Freude machen, Tugend anzusammeln. Indem du deine Erfahrung mit der anderer gleichsetzt, wirst du fähig sein, ein starkes Mitgefühl zu entwickeln, denn du wirst begreifen, daß ihre Leiden nicht anders beschaffen sind als deine eigenen und daß auch sie Befreiung erlangen wollen. Es ist wichtig, über das Leiden der Tier- und Höllenbereiche zu meditieren. Wenn wir spirituell keine Fortschritte machen, werden uns unsere negativen Handlungen dorthin führen. Und wenn wir spüren, daß wir das Erleiden von Verbrennung oder Kälte oder unstillbarem Durst und Hunger nicht ertragen können, dann wird sich unsere innere Bereitschaft zur Ausübung des Dharma unermeßlich steigern. Zum gegenwärtigen Zeitpunkt bietet uns diese menschliche Existenz die Gelegenheit und die Voraussetzungen, uns selbst zu retten.

Die niederen Existenzformen umfassen die Wiedergeburt als Tier, als hungriges Geistwesen oder als Höllenwesen. Den Schriften zufolge befinden sich die Höllen in einer bestimmten Entfernung direkt unter Bodh Gaya, dem Ort in Indien, an dem der Buddha Erleuchtung erreichte. Aber wenn man die angegebene Entfernung tatsächlich abmißt, kommt man mitten in Amerika heraus. Man sollte also diese Lehren nicht wörtlich nehmen. Sie wurden in Übereinstimmung mit der damaligen Konvention oder dem Volksglauben formuliert. Der Buddha kam nicht zu dem Zweck auf diese Welt, den Umfang des Planeten oder die Entfernung zwischen Erde und Mond auszumessen, sondern vielmehr, um den Dharma zu lehren, empfindende Wesen zu befreien, empfindende Wesen von ihren Leiden zu erlösen. Wenn wir den grundlegenden Ansatz des Buddhismus nicht verstehen, könnten wir den Eindruck gewinnen, daß sich der Buddha hier und da auf widersprüchliche, verwirrende Weise ausdrückte. Aber jede der von ihm gelehrten unterschiedlichen philosophischen Ansichten hat ihren Zweck, und jede nutzt jeweils einer unterschiedlichen Kategorie empfindender Wesen. Als er über die Höllen sprach, mußte er zu dem speziellen Zweck, seine Zuhörer zur Ausübung des Dharma zu veranlassen, eine Menge volkstümlicher Konventionen und Vorstellungen berücksichtigen.

Ich glaube, daß solche Zustände wie die verschiedenen heißen und kalten Höllen wirklich existieren. Wenn die höchsten Zustände, wie das Nirwana und die Allwissenheit, existieren, weshalb sollte dann ihr Gegenteil, der äußerste Leidenszustand, der ungezähmteste Geist, nicht ebenso existieren? Auch innerhalb der menschlichen Daseinsform gibt es ja unterschiedliche Menschentypen: Manche haben mehr vom Leben und genießen ein größeres Ausmaß an Glück, manche müssen ein größeres Ausmaß an Leid erdulden. Nun entstehen aber all diese Unterschiede im Erleben als Folge von Unterschieden in den Ursachen – den Handlungen oder dem Karma. Wenn wir einen Schritt weiter gehen und die Menschenwesen mit den verschiedenen Formen tierischer Existenz vergleichen, entdecken wir, daß die Geisteszustände von Tieren ungezähmter und daß deren Leid und Verwirrung offenkundiger sind. Und doch neigen sie von Natur aus dazu, sich nach Glück zu sehnen und Leid zu vermeiden. Manche Tiere sind sehr klug: Wenn wir versuchen, sie zu fangen, indem wir ihnen etwas Nahrung geben, sind sie sehr vorsichtig; kaum haben sie gefressen, versuchen auch schon, Reißaus zu nehmen; aber wenn wir ihnen Nahrung geben und dabei aufrichtig und geduldig sind, können sie uns gegenüber völlig zutraulich werden. Selbst Tiere, wie etwa Hunde oder Katzen, erfassen die Bedeutsamkeit von Güte; sie erfassen die Bedeutsamkeit von Aufrichtigkeit und Liebe.

Wenn es unterschiedliche Ebenen spiritueller Vervollkommnung gibt, die darauf beruhen, wie gezähmt der Geist jeweils geworden ist, dann sollte es auch unterschiedliche Ebenen des ungezähmten Geistes geben. Jenseits des Tierbereichs liegen Zustände wie etwa der der hungrigen Geisterwesen, die ihre Gelüste nicht befriedigen können. Höllenbereiche sind Existenzzustände, in denen die Leiden so extrem sind, daß die Wesen hier kaum noch irgendein Urteils- oder Erkenntnisvermögen haben. Die Leidensfaktoren in den Höllen sind große Hitze und große Kälte. Zu beweisen, daß diese Bereiche existieren, übersteigt unsere normale Logik. Aber wir können zu dem Schluß kommen, daß sie existieren, weil sich der Buddha hinsichtlich anderer wichtiger Themen, wie etwa der Vergänglichkeit oder des Kausalprinzips, die wir logisch verifizieren können, als so genau, schlüssig und widerspruchsfrei erwiesen hat. Daher können wir folgern, daß er in bezug auf die verschiedenen Ebenen der Wiedergeburt ebenso recht hatte. Die Motive des Buddha, die Höllenbereiche zu erläutern, sind einzig das Mitgefühl sowie sein Verlangen, das zu lehren, was empfindenden Wesen von Nutzen sein könnte, um sich selbst aus dem Kreislauf der Wiedergeburt zu befreien. Weil er keinen Grund hatte zu lügen, müssen auch diese verborgenen Dinge wahr sein.

Täglich nehmen wir etwas als gegeben hin, für das uns jeder direkte Nachweis fehlt. Ich wurde am 6. Juli 1935 geboren. Ich weiß das nur, weil es mir meine Mutter sagte und ich ihr glaube. Ich habe keinerlei Möglichkeit, es unmittelbar wahrzunehmen oder logisch zu beweisen, aber indem ich mich auf jemanden verlasse, zu dem ich Vertrauen habe und der keinerlei Grund hat, mich zu belügen, weiß ich, daß ich am 6. Juli 1935 geboren wurde. Jenen tiefgreifenderen Fragen, die das Leben nach dem Tode und die Existenz anderer

Bereiche betreffen, kann man nur nahekommen, indem man sich auf Schriften verläßt. Wir müssen die Stichhaltigkeit dieser Schriften nachprüfen, indem wir Vernunft einsetzen. Wir können eine überlieferte Aussage nicht einfach unbesehen glauben. Wir müssen sie prüfen und auf unser Leben anwenden.

Die vielen verschiedenartigen Leidensebenen in den niederen Existenzbereichen werden in verschiedenen Schriften erläutert. Einige der Leiden sind so kraß, daß sie unsere Fassungskraft übersteigen. Wenn du in irgendeinem dieser niederen Bereiche wiedergeboren wirst – wie wirst du wohl imstande sein, ihn zu ertragen? Forsche nach, ob du Ursachen und Voraussetzungen für eine Wiedergeburt in solchen niederen Existenzbereichen geschaffen hast. Sofern wir unter dem Bann von Verblendungen, den starken Mächten von Haß und Begierde, stehen, werden wir gegen unseren Willen gezwungen sein, uns negativen Handlungen hinzugeben, die tatsächlich die Ursache unseres eigenen Niedergangs sein werden. Ist dies der Fall, dann werden wir selbst diese Leiden erdulden müssen. Wenn du solche Leiden nicht erdulden willst oder das Gefühl hast, daß du nie imstande sein würdest, solche krassen Leiden zu ertragen, solltest du deinen Körper, deine Rede und deinen Geist davon abhalten, sich Handlungen hinzugeben, die das Potential für deinen Niedergang in solche Zustände ansammeln. Was sich an Potential bereits angesammelt hat, sollte durch die entsprechenden Übungen gründlich geläutert werden. Und da ja alles unbeständig ist, gibt es keine Nicht-Tugend, die sich nicht läutern ließe.

Je mehr du über diese Leiden nachdenkst und je stärker dein Gefühl ist, daß sie unerträglich sein würden, desto mehr wirst du das zerstörerische Potential negativer Handlungen durchschauen. Wenn du über diese Leiden meditierst, solltest du dir vorzustellen versuchen, du seist in diesen Seinsbereichen wiedergeboren und erduldetest die Leiden selbst. Es heißt zum Beispiel, man sollte sich beim Nachsinnen über die Leiden der heißen Höllen vorstellen, daß der eigene Körper brennt, oder man sollte sich beim Nachsinnen über die Leiden der kalten Höllen vorstellen, daß der eigene Körper zu Eis erstarrt; das gleiche sollte man im Hinblick auf die Leiden von Tieren machen. Es wird empfohlen, man sollte sich an irgendeinen abgelegenen Ort begeben und versuchen, das gesamte Erleben solcher Wesen nachzuvollziehen, indem man sich in die Vorstellung vertieft, daß man ihr Leiden gerade selbst erduldet. Je deutlicher du dich außerstande fühlst, das Leiden zu ertragen, desto größer wird deine Furcht vor den niederen Bereichen sein. Auf diese Weise gewinnst du Einsicht in die Kraft negativer Handlungen und das durch sie verursachte Leiden. Später, wenn du über das Mitgefühl meditierst, wird dir diese Übung helfen, dein Mitgefühl für andere zu steigern, die sich sehr schwerwiegenden negativen Handlungen hingeben.

Wenn zum Beispiel wir Tibeter an die Chinesen denken, deren negative Handlungen im Völkermord gipfeln, dann versuchen wir, anstatt aufgebracht zu sein, eine starke Empfindung des Mitgefühls für jene zu entwickeln, die von ihren Verblendungen derart beherrscht werden. Obgleich diese Menschen augenblicklich wohl keine offenkundigen Leiden erdulden, ist dies nur eine Frage der Zeit, weil sie früher oder später die Konsequenzen zwangsläufig zu tragen haben. Wenn wir imstande sind, eben jetzt als Menschen eine Furcht vor Leid zu entwickeln, haben wir das Potential, die Befähigung und Gelegenheit, die Ursachen für unseren eigenen Niedergang zu verhüten. Wir können das Negative läutern und große Vorräte an Verdienst ansammeln. Wir werden imstande sein, die Ansammlung von Verdienst, über die wir schon verfügen, zu mehren, und wir werden imstande sein, das Verdienst anderen zu widmen, so daß es nicht durch Ärger und Wut zerstört wird. Wenn wir Tag für Tag eine geeignete Übung auf uns nehmen, werden wir imstande sein, unser Menschenleben mit Sinn zu erfüllen.

Kapitel 6

Zuflucht

Ein Buddhist ist jemand, der,
angespornt von der Furcht vor den Leiden des
Wiedergeburtskreislaufs und der
niederen Existenzbereiche,

Zuflucht zu den Drei Juwelen nimmt: dem Buddha, dem Dharma (den Lehren) und dem Sangha (der spirituellen Gemeinschaft). Ein Buddhist weiß durch Übung und Erfahrung, daß die Drei Juwelen ihn oder sie davor beschützen können, in die niederen Existenzbereiche abzustürzen. Der aus dem 11. Jahrhundert stammende Lehrer Po-to-wa erwähnte einmal, er hätte beim Besuch eines Klosters bemerkt, daß sich selbst unter den älteren Mönchen, die drinnen im Gebet saßen, einige befanden, die nicht einmal Buddhisten waren. Vielen von ihnen hätte es an einem angemessenen Verständnis der Drei Juwelen gefehlt. Die Zufluchtnahme ist es, die den Wunsch bestärkt, das Nirwana zu erreichen.

Der Buddha ist ein Wesen, das völlig frei von allen Verblendungen und Fehlern ist, das alle guten Eigenschaften in sich vereint und die Weisheit erlangt hat, die das Dunkel der Unwissenheit beseitigt. Der Dharma ist die Frucht seiner Erleuchtung. Nachdem er Erleuchtung errungen hat, lehrt ein Buddha, und was er oder sie lehrt, wird der Dharma genannt. Der Sangha setzt sich aus jenen zusammen, die sich in der Anwendung der vom Buddha erteilten Lehren üben. Das sind die elementaren Definitionen der Drei Juwelen.

Die Tätigkeit des Buddha besteht darin, Lehren zu erteilen und den Pfad zu zeigen. Die Wirkungsweise oder Funktion des Dharma besteht darin, die Leiden und ihre Ursachen, die Verblendungen, zu beseitigen. Die Funktion des Sangha besteht darin, Freude daran zu finden, die Ausübung dieses Dharma auf sich zu nehmen. Du solltest dem Buddha Respekt entgegenbringen. Deine Einstellung zum Dharma sollte von eifriger Bestrebung getragen sein, indem du versuchst, ihn innerlich zu deiner ureigenen Erfahrung werden zu lassen, und du solltest den Sangha als Kollektiv vortrefflicher Gefährten betrachten, die den Pfad des Dharma miteinander gehen. Der Buddha ist der Meister, der uns den Pfad zur Erleuchtung zeigt, der Dharma ist die eigentliche Zuflucht, in der wir Schutz vor Leiden suchen, und der Sangha setzt sich aus spirituellen Begleitern auf den Etappen des Pfades zusammen.

Einer der Vorteile der Zuflucht besteht darin, daß alle Missetaten, die du in der Vergangenheit verübt hast, geläutert werden können; denn Zufluchtnahme bringt es mit sich, daß man die Führung des Buddha akzeptiert und einem Pfad tugendhaften Handelns folgt. Die meisten negativen Handlungen, die du in der Vergangenheit begangen hast, können gemildert oder abgebaut, und deine Vorräte an Verdienst können vergrößert werden. Nachdem wir Zuflucht zu den Drei Juwelen genommen haben, werden wir nicht nur vor gegenwärtigem Schaden, sondern auch vor dem Schaden der Wiedergeburt in den niederen Existenzbereichen beschützt, und die volle Erleuchtung der Buddhaschaft kann rasch erlangt werden. Wir sollten die Drei Juwelen niemals aufgeben, selbst auf Kosten unseres

Lebens nicht. Es hat in Tibet viele Fälle gegeben, in denen die Chinesen versucht haben, Menschen dazu zu zwingen, ihrem Glauben zu entsagen. Viele gaben zur Antwort, daß sie ihren Glauben nicht aufgeben könnten, und haben es statt dessen vorgezogen, ihr Leben aufzugeben. Das ist der wahre Vollzug von Zufluchtnahme.

Tsong-kha-pa sagt: Wenn deine Furcht und Überzeugung bloße Worte sind, dann besteht die Zufluchtnahme auch bloß aus Worten; aber wenn deine Furcht und deine Überzeugung von der Fähigkeit der Drei Juwelen, dich vor solcher Furcht zu beschützen, tief verwurzelt sind, dann wird auch deine Zuflucht sehr wirkungsvoll sein.

Die Ziele unserer Zuflucht haben einen Zustand erreicht, der völlig frei von Furcht und Leid ist. Wenn die Ziele selbst keinen derartigen Zustand erreicht hätten, dann könnten sie uns nicht beschützen, so wie ja einer, der hingefallen ist, uns nicht helfen kann aufzustehen. Jene, von denen wir Schutz begehren, sollten frei von Leid und Furcht sein; andernfalls werden sie uns nicht beschützen können, auch wenn sie möglicherweise den Wunsch haben, es zu tun. Der Buddha Shakyamuni ist nicht nur selber frei von Leid und Furcht, er ist auch höchst geschickt darin, empfindende Wesen auf dem richtigen Pfad voranzuführen. Dies wird uns klar, wenn wir über die Verschiedenartigkeit der vom Buddha erteilten Lehren nachdenken: Sie spiegelt das Sich-einstellen auf die verschiedenartigen Interessen und Veranlagungen empfindender Wesen wider. Er hat uns Lehren hinterlassen, die uns unabhängig vom jeweiligen Niveau unserer spirituellen Entwicklung ansprechen können. Sobald wir die Bedeutsamkeit dessen erkennen, werden wir auch anfangen, alle Religionen der Welt hochzuschätzen, weil die eigentliche Absicht ihrer Lehre darin besteht, anderen zu helfen.

Tsong-kha-pa sagt: Wenn du über die großen Vorzüge nachdenkst, die etwas zum Zufluchtsziel machen, und eine tiefe, konzentrierte Überzeugung von den drei Zufluchtszielen entwickelst, dann ist es undenkbar, daß du nicht beschützt werden wirst. Was wir brauchen, ist ein tiefes Gefühl der Furcht vor den Leiden der niederen Bereiche und Vertrauen auf die Befähigung der Drei Juwelen, uns vor diesen zu beschützen. Wir entwickeln dieses Vertrauen, indem wir über die Vorzüge des Buddha, des Dharma und des Sangha meditieren.

Das Mitgefühl des Buddha ist ohne Voreingenommenheit. Er macht keinen Unterschied zwischen empfindenden Wesen, die ihm helfen, und solchen, die das nicht tun. Seine Arbeit für das Wohl aller empfindenden Wesen ist unvoreingenommen. Diese Vorbedingungen werden nur vom Buddha vollständig erfüllt, und daher sind er und seine vielen Gestalten und Emanationen die Zuflucht, zusammen mit den Lehren, die er erteilt hat, und der Gemeinschaft, die ihm nacheifert und sich in seiner Art der Ausübung des Dharma betätigt.

Die Rede des Buddha, heißt es, ist so beschaffen, daß er, wenn man ihm irgendeine Frage oder viele verschiedene Fragen gleichzeitig stellt, imstande ist, das Wesentliche jeder einzelnen von ihnen zu verstehen und sie alle mit nur einer Aussage zu beantworten. Dabei stehen die Antworten im Einklang mit dem Verständnis des Fragenden.

In seiner Weisheit ist der Buddha fähig, den gesamten Erscheinungsspielraum, die Skala der alltäglichen wie auch der absoluten Phänomene, zu erfassen, als betrachtete er irgendein Ding auf seiner Handfläche. Daher werden alle Erkenntnisobjekte von seiner Weisheit erfaßt und liegen innerhalb ihrer Reichweite.

Der Geist des Buddha ist auch allwissend. Der Grund dafür,

daß es dem Geist eines Buddha möglich ist, den Gesamtbereich ausnahmslos aller Phänomene zu erfassen, liegt darin, daß dieser ein Stadium erreicht hat, das frei von allen Wissensbehinderungen ist. Die Wissensbehinderungen sind die Prägungen oder Anfälligkeiten, die die Verblendungen – die Unkenntnis vom Wesen der Wirklichkeit, das begehrliche Anhaften, der Haß – seit anfangsloser Zeit im Geist hinterlassen. Sobald diese Prägungen beseitigt sind, erlangen wir den als Allwissenheit bezeichneten Zustand, weil dann keine Wissensbehinderung mehr vorhanden ist. Wir erlangen den allwissenden Geisteszustand, der den gesamten Erscheinungsspielraum ohne jede Behinderung erfaßt. Der Geist Buddhas wird beim Anblick des Leidens empfindender Wesen spontan von kontinuierlich strömendem Mitgefühl ergriffen. Zu Beginn des Pfades entwickelte der Buddha ein starkes Mitgefühl gegenüber allen empfindenden Wesen; im Verlauf des Pfades hat er dieses Mitgefühl bis zum höchsten Grad gesteigert. Das Mitgefühl, ein tugendhafter Geisteszustand, der auf der klaren Grundbeschaffenheit des Geistes beruht, hat das Potential, sich unendlich zu steigern.

Körper, Rede und Geist der Buddhas sind stets tatkräftig der Aufgabe verpflichtet, für das Wohl anderer zu arbeiten. Sie erfüllen die Wünsche empfindender Wesen und führen diese geschickt durch die Stufen des Pfades, nämlich so, wie es den verschiedenartigen Bedürfnissen, Interessen und Veranlagungen empfindender Wesen jeweils angemessen ist. Tsong-kha-pa sagt: Wenn dein Vertrauen zum Buddha stark ist, wird sich aufgrund dessen, daß du dich auf seine große Güte und sonstigen Vorzüge besinnst, dein Vertrauen zu den anderen zwei, dem Dharma, seinen Lehren, und dem Sangha, der spirituellen Gemeinschaft, wie von selbst einstellen, und der gesamte Kanon buddhistischer Schriften wird wie ein persönlicher Ratschlag sein. Man sollte also, nachdem man ein festes Vertrauen zum Buddha entwickelt hat, ebenso ein festes Vertrauen zu seinen Lehren entwikkeln.

Statuen oder Bildnisse eines Buddha sollte man, ungeachtet ihres Materials oder ihrer Gestaltung, niemals kritisieren. Man sollte sie so achten wie den Buddha selbst. Nachdem man Zuflucht zum Buddha genommen hat, sollte man sich nicht damit befassen, woraus das Bildnis gemacht ist, sondern es bedenkenlos respektieren. Man sollte Buddhastatuen niemals zu Handelsobjekten machen oder sie als Pfand für ein Darlehen verwenden. Einmal bat ein Schüler Atishas den Meister darum, einen Kommentar zu einer Statue Manjushris, des Bodhisattvas der Weisheit[11], abzugeben, und sagte, daß er sie gerne kaufen würde, wenn Atisha sie gut fände. Atisha sagte, man könne sich über den Körper Manjushris kein Urteil erlauben, die Skulptur freilich sei ziemlich durchschnittlich; aber dann setzte er sich die Statue zum Zeichen der Achtung auf den Kopf. Offenbar meinte Atisha mit seiner Bemerkung, die Skulptur sei ziemlich durchschnittlich, daß sie nicht besonders gut gestaltet war, der Künstler also sorgfältiger arbeiten sollte. Künstler haben eine sehr große Verpflichtung, Bilder und Statuen von ansprechendem Äußeren zu malen oder zu formen. Andernfalls besteht die akute Gefahr, daß viele Menschen dazu veranlaßt werden, nicht-tugendhafte Handlungen anzusammeln; denn manchmal können wir, wegen des sonderbaren Äußeren der Bildnisse, das Lachen einfach nicht unterdrücken.

Die Methode, die zum Zustand der Allwissenheit führt, ist der Pfad. Der Pfad und die Beendigung (der Verblendungen und des Leids) bilden den Dharma, die wahre Zuflucht. Der Dharma ist etwas, das wir nicht unmittelbar in uns aufnehmen können; er muß in einem allmählichen Prozeß realisiert werden. Im Zusammenhang mit dem Üben der Zufluchtnahme muß man sehr viel Geschick aufbringen, das heißt: beim strikten Unterlassen negativer Handlungen zugleich aktiv tugendhaft sein. Ebendies bezeichnet man als die Ausübung des Dharma. Wenn du dich vor den Leiden der niederen Existenzbereiche fürchtest, solltest du deinen Geist umwandeln und ihn daran hindern, sich negativen Handlungen hinzugeben, die deinen Niedergang verursachen. Das hängt allerdings weitgehend davon ab, ob deine Ausübung ernsthaft ist oder nicht, ob du fest entschlossen bist, tugendhafte Handlungen anzusammeln und negative zu unterlassen; und dies wiederum hängt davon ab, ob du vom Gesetz des Karma tief überzeugt bist oder nicht.

Es gibt zwei unterschiedliche Arten von Erfahrung, die wünschenswerte und die nicht wünschenswerte, und jede hat ihre eigene Ursache. Leiden, die nicht wünschenswerte Erfahrung, bezeichnet man als Daseinskreislauf (Samsara), und es hat seinen Ursprung in den Verblendungen und den nicht-tugendhaften Taten, die diese uns zu begehen zwingen. Die höchste Form von Glück, das Wünschenswerte, ist das Nirwana, und es ist das Ergebnis der Ausübung des Dharma. Der Ursprung der Leiden und der niederen Existenzbereiche liegt in den zehn negativen Handlungen (siehe dazu Kapitel 7). Das erwünschte Glück und die erwünschte Wiedergeburt in günstigen Existenzbereichen werden durch die Wahrung reiner Sittlichkeit oder die Ausübung der zehn tugendhaften Handlungen verursacht. Um deine Wiedergeburt in den niederen Existenzbereichen und dein dort zu erduldendes Leiden zu verhüten, mußt du ihren Ursachen ein Ende machen, indem du Körper, Rede und Geist tugendhaften Handlungen zuwendest. Der Grad deiner Festlegung auf ernsthafte Praxis hängt weitgehend davon ab, wie sehr du überzeugt bist, wie tief dein Überzeugtsein hinsichtlich des Gesetzes von Ursache und Wirkung ist, wie vorbehaltlos du glaubst, daß unerwünschte Leiden und Mißgeschicke die Folge negativer Handlungen sind, und wie überzeugt du bist, daß wünschenswerte Folgen wie Glück, Freude und Wohlstand das Ergebnis positiver Handlungen sind. Es ist daher zuallererst äußerst wichtig, ein tiefes Überzeugtsein von der Unfehlbarkeit des Karmagesetzes zu entwickeln.

Nachdem man zum Dharma Zuflucht genommen hat, sollte man, um dies aktiv zu bekräftigen, den buddhistischen Texten Achtung entgegenbringen. Man sollte nicht einmal über ein einzelnes Blatt treten, und die Texte sollten an einem sauberen Ort aufbewahrt werden. Man sollte die Schriften nicht wie einen Besitz behandeln; man sollte sie nicht verkaufen oder als Sicherheit für eine Geldanleihe hinterlegen. Man sollte nicht seine Brille oder Schreibutensilien auf die Schriften legen. Beim Umblättern sollte man nicht den Finger lecken. Geshe Chen-nga-wa, heißt es, pflegte aufzustehen, sobald er sah, daß Texte vorbeigetragen wurden; später aber, als er wegen seines Alters unfähig war aufzustehen, pflegte er dann noch immer die Hände zu falten. Als Atisha in Westtibet war, gab es da einen Anhänger des Tantra, der keine Lehren von ihm annehmen wollte. Eines Tages sah Atisha, wie ein anderer Tibeter die Stelle in einem Text, den er gerade las, mit einem Krümel Essen aus seinen Zähnen kennzeichnete. Atisha bat ihn, das doch nicht zu tun, und eben daran erkannte der Tantriker Atishas Einsatz für die Regeln der Zufluchtnahme, war sehr beeindruckt und ist dann, wie es heißt, sein Schüler geworden.

Wir sollten auch Vertrauen zum Sangha, der spirituellen Gemeinschaft, haben. Wenn wir vom Sangha sprechen, beziehen wir uns hauptsächlich auf jene höheren Wesen, die aufgrund ihrer gewissenhaften Ausübung den Dharma in ihrem eigenen Geist realisiert und das Wesen der Wirklichkeit erkannt haben. Der wahre Sangha besteht aus jenen, die stets mit der Ausübung des Dharma beschäftigt sind, die die Regeln vorbildlich einhalten, die herausragend sind in ihrer Befolgung der Sittlichkeit und die stets wahrheitsliebend, ehrlich, reinen Herzens und immer voller Mitgefühl sind.

Nachdem man Zuflucht zum Sangha genommen hat, sollte man niemals einen Mönch oder eine Nonne beleidigen, die nach den Ordensvorschriften leben. Man sollte ihnen mit Respekt begegnen. Innerhalb der Sangha-Gemeinschaft sollte man nicht sektiererisch sein oder miteinander rivalisieren. In Thailand beispielsweise ist der Sangha hochgeachtet. Die Mönche wiederum sollten der ihnen erwiesenen Achtung entsprechen und sich nicht unangemessen benehmen und dadurch die Laien veranlassen, den Glauben zu verlieren. Im allgemeinen finde ich, daß es nicht unbedingt zuträglich ist, eine große Mönchsgemeinschaft zu haben, wie es sie in Tibet gab, sondern daß es besser ist, wahrhaft reine Mönche zu haben, auch wenn sie nur eine kleine Gemeinschaft bilden. Ob man Mönch wird oder nicht, ist eine Sache der persönlichen Wahl, aber nachdem man die Wahl getroffen hat, das Leben eines Mönchs oder einer Nonne zu führen, ist es natürlich besser, kein Schandfleck der Lehre zu sein. Andernfalls ist es nicht nur für einen selber schlecht, es veranlaßt auch andere Menschen, ihren Glauben zu verlieren und unnötigerweise Nicht-Tugenden anzusammeln. Es heißt, daß Drom-ton-pa nicht einmal über ein Stückchen rotes oder gelbes Tuch treten wollte, weil es das Gewand der Mönche und Nonnen repräsentierte.

Tsong-kha-pa sagt, daß Zufluchtnahme wirklich der Zugang zur buddhistischen Gemeinschaft ist und daß wir, wenn

unsere Zuflucht nicht aus bloßen Worten besteht und tief empfunden ist, gegen Schaden von seiten der Menschen gefeit sein und in unserer Ausübung mühelos vorwärtskommen werden. Da wir nun diese Vorteile klar erkennen, sollten wir versuchen, unsere Leidensfurcht zu intensivieren, und einen starken, von unerschütterlicher Überzeugung getragenen Glauben an die Befähigung der Drei Juwelen entwickeln, uns vor jenen Leiden zu beschützen. Wir sollten versuchen, unsere Praxis der Zuflucht so wirkungsvoll wie möglich zu gestalten und niemals gegen die von uns akzeptierten Regeln zu verstoßen. So werden wir, bewegt von Todesbewußtsein und Furcht vor den niederen Existenzbereichen, entdecken, daß die Drei Juwelen uns beschützen können, daß sie ein wahrer Hort der Zuflucht sind.
Der Buddha ist der Meister, der die eigentliche Zuflucht enthüllt, und der Sangha gleicht den Begleitern auf dem Pfad, der zur Erleuchtung führt. Die eigentliche Zuflucht ist der Dharma, denn durch die Verwirklichung des Dharma werden wir frei und vom Leiden erlöst werden. Der Dharma besteht aus der Beendigung und dem Pfad zur Beendigung. Als Beendigung wird das Fehlen oder das Befreitsein von Verblendungen bezeichnet. Wenn wir gegen unsere Fehler und Verblendungen nicht das geeignete Gegenmittel anwenden, dann treten sie weiterhin auf. Ist aber nach der Anwendung des Gegenmittels eine Verblendung einmal ausgetilgt, dann wird sie nie wieder auftreten. Ein derartiger, von Verblendungen oder den Makeln des Geistes freier Zustand gilt als Beendigung. Kurzum, alles, was wir aufgeben wollen, wie etwa das Leiden und sein Ursprung, kann durch die Anwendung entgegengesetzter Kräfte beseitigt werden. Die endgültige, auch als Nirwana bekannte Beendigung ist ein Zustand vollständiger Befreiung.
Die Buddhas, die gänzlich Erleuchteten, sind unfaßbar, und

der Dharma, ihre Lehre, ist unfaßbar, und der Sangha ist gleichfalls unfaßbar. Wenn man daher ein unfaßbares Vertrauen entwickelt, wird das Ergebnis davon gleichfalls unfaßbar sein. In den Schriften heißt es: Wenn der Nutzen der Zufluchtnahme zu den Drei Juwelen sichtbar gemacht werden könnte, wäre das gesamte Universum zu klein, ihn zu umschließen, geradeso wie sich die Ozeane nicht in deinen Händen ausmessen lassen. Dieses großen Nutzens eingedenk, solltest du hocherfreut sein, daß du Gelegenheit hast, den Drei Juwelen Opfer darzubringen und zu ihnen Zuflucht zu nehmen. Du wirst imstande sein, die Einflüsse negativer Handlungen, die du, in Ergänzung zu karmischen Blockierungen, begangen hast, zu mildern. All dies wird beseitigt werden, und man wird dich zu den erhabenen Wesen zählen, an denen die Drei Juwelen ihre Freude haben.

KAPITEL 7

KARMA

Die Folgen des Karma sind eindeutig: Negative Handlungen bewirken stets Leiden, und positive Handlungen bewirken stets Glück.

Wenn du Gutes tust, wird dir Glück zuteil werden; wenn du Schlechtes tust, wirst du selber leiden. Unsere karmischen Handlungen folgen uns von einem Leben zum anderen; daraus erklärt sich, weshalb manche Menschen, die sich fortwährend Negativem hingeben, auf der weltlichen Ebene noch immer erfolgreich sind oder weshalb andere, die sich der spirituellen Praxis hingeben, mit abertausend Schwierigkeiten konfrontiert sind. Karmische Handlungen sind in einer unendlichen Anzahl von Leben begangen worden, also gibt es ein unendliches Potential für eine unendliche Anzahl von Folgen.

Das Karmapotential vermehrt sich stets im Lauf der Zeit. Kleine Samenkörner haben das Potential in sich, riesige Früchte hervorzubringen. Das trifft auch auf den inneren Kausalzusammenhang zu; selbst eine kleine Handlung kann ein gewaltiges Resultat bewirken, sei dieses nun positiv oder negativ. Zum Beispiel bot einst ein kleiner Junge dem Buddha eine Handvoll Sand an und stellte sich dabei lebhaft vor, es wäre Gold. In einem künftigen Leben wurde der Junge als der große buddhistische Kaiser Ashoka wiedergeboren. Aus der geringfügigsten positiven Handlung kann die größte Glückswirkung hervorgehen, und gleicherweise kann die kleinste negative Handlung heftigstes Leiden verursachen. Das Potential des Karma, sich innerhalb unseres Bewußtseinskontinuums zu vermehren, ist noch weit größer als das Potential rein physischer Ursachen, etwa der eines Apfelkerns. Ebenso wie Wassertropfen ein großes Gefäß anfüllen können, können die kleinsten Handlungen, wenn sie ständig vollzogen werden, den Geist empfindender Wesen anfüllen.

Innerhalb der menschlichen Gemeinschaft zeigen sich viele Unterschiede. Manche Menschen sind immer erfolgreich im Leben, manche sind immer erfolglos, manche sind glücklich, manche haben eine gesunde Geistesgegenwart und Gelassenheit. Manche Menschen sind offenbar ständig und wider unser Erwarten großem Mißgeschick ausgesetzt. Manche Menschen, von denen wir derartiges erwarten würden, bleiben von Mißgeschick verschont. All dies bestätigt die Tatsache, daß nicht alles in unserer Hand liegt. Manchmal, wenn wir eine Unternehmung in Gang setzen möchten, sorgen wir dafür, daß alle notwendigen, zu ihrem Erfolg erforderlichen Voraussetzungen gegeben sind, und doch fehlt trotzdem irgend etwas. Wir sagen, daß jemand Glück hat und daß jemand kein Glück hat, aber das allein reicht nicht; Glück muß einen Grund haben, eine Ursache. Der buddhistischen Erklärung nach ist es die Folge der Handlungen, die man im vergangenen Leben oder in einem früheren Abschnitt dieses Lebens vollzogen hat. Wenn das Potential dafür herangereift ist, wird sich die Unternehmung, selbst wenn man sich widrigen Umständen gegenübersieht, trotzdem als erfolgreich erweisen. Aber in manchen Fällen wird man, selbst wenn man alle notwendigen Voraussetzungen beisammen hat, trotzdem scheitern.

Wir Tibeter sind zu Flüchtlingen geworden und haben viel Leid durchgemacht, aber trotzdem haben wir verhältnismäßig viel Glück und Erfolg. In Tibet haben die Chinesen versucht, durch die Schaffung von Kommunen und die Einschränkung des Privateigentums die gesamte Bevölkerung gleichzuschalten. Aber in den Kommunen werfen trotzdem manche Gärten mehr Gemüse ab als andere, und manche Kühe geben mehr Milch. Dies zeigt, daß es zwischen den jeweiligen Verdiensten der Individuen große Unterschiede gibt. Wenn jemandes tugendhafte Handlungen zur Reife kommen, wird sich diese Person, selbst wenn die Behörden ihr Vermögen konfiszieren, wegen der Kraft ihres Verdienstes, wegen der Kraft dieses Karmas, trotzdem als erfolgreich erweisen. Wenn du tugendhafte Handlungen auf gebührende Weise ansammelst, etwa indem du das Töten vermeidest, Tiere befreist und Geduld gegenüber anderen herausbildest, wird dies in der Zukunft und in den künftigen Leben von Nutzen sein; gibst du dich hingegen fortwährend negativen Handlungen hin, wirst du zweifellos in der Zukunft die Konsequenzen zu tragen haben. Falls du nicht an das Prinzip des Karma glaubst, kannst du machen, was du willst.

Sobald du eine Aktion ausführst, bleibt die Ursache für eine Reaktion zurück und vergrößert sich, bis ihre Wirkung erlebt wird. Wenn du die Handlung nicht ausgeführt hast, wirst du niemals die Konsequenzen zu tragen haben; hast du die Handlung erst einmal ausgeführt, dann wirst du ihre Wirkung erleben – es sei denn, du läuterst die Handlung durch entsprechende Übungen oder sie wird, falls es eine tugendhafte Handlung ist, durch Wut oder Gegenfaktoren zunichte gemacht. Eine Handlung wird niemals einfach wegen des Verstreichens der Zeit ihre Wirkung verlieren, selbst wenn sie vor vielen Leben vollzogen wurde.

Positive und negative Handlungen werden von der Motivation des Handelnden bestimmt. Ist die Motivation gut, werden alle Handlungen positiv; ist die Motivation verwerflich, werden alle Handlungen negativ. Die karmischen Handlungen sind von vielerlei Art; manche sind völlig tugendhaft, manche sind völlig nicht-tugendhaft, manche sind gemischt. Ist die Motivation recht, dann wird sie Glück hervorbringen, auch wenn die Handlung selber möglicherweise ziemlich gewalttätig anmutet; ist die Motivation hingegen unrecht oder falsch, dann wird die Handlung, auch wenn sie möglicherweise nützlich und positiv anmutet, in Wirklichkeit negativ sein. Es hängt alles vom Geist ab: Wenn dein Geist gezähmt und geschult ist, werden alle Handlungen positiv; ist dein Geist hingegen nicht gezähmt und dauernd von Begierde und Haß beeinflußt, dann mögen Handlungen zwar positiv anmuten, und doch wirst du in Wirklichkeit negatives Karma ansammeln.

Wenn mehr Menschen an das Gesetz des Karma glaubten, dann hätten wir wahrscheinlich keinerlei Polizei oder Strafsystem nötig. Aber wenn den Einzelpersonen dieser innere Glaube an karmische Handlungen fehlt, dann werden die Menschen, selbst wenn sie äußerlich alle möglichen Verfahren zur Rechtsvollstreckung anwenden, nicht imstande sein, eine friedliche Gesellschaft hervorzubringen. In dieser modernen Welt werden raffinierte Apparaturen zur Verbrechensbekämpfung und Überführung von Rechtsbrechern eingesetzt. Aber je faszinierender und raffinierter diese Technologie ist, desto raffinierter und entschlossener werden die Kriminellen. Wenn diese menschliche Gesellschaft sich zum Besseren wandeln soll, dann reicht eine äußerliche Durchsetzung des Rechts nicht aus; wir brauchen eine Art innerliches Abschreckungsmittel.

Eine zivilisierte, friedliche Lebensweise sollte mit einer spirituell fundierten Sittlichkeit Hand in Hand gehen. Bevor die Chinesen 1959 einmarschierten, schufen die Könige von Tibet Gesetze für das Land, die auf der buddhistischen Ethik basierten. Überall auf der Welt sagt man, daß die Tibeter außerordentlich liebenswürdig und sanft sind. Ich kann mir diesen einzigartigen Zug unserer Geistesbildung nur durch die Tatsache erklären, daß er seit so vielen Jahrhunderten in der buddhistischen Lehre von der Gewaltlosigkeit verankert ist.

Es gibt drei Pforten, durch die wir Handlungen vollziehen: Körper, Rede und Geist. Durch diese Pforten hindurch können wir entweder die zehn positiven Taten oder die zehn nicht-tugendhaften Taten vollbringen. Von den nicht-tugendhaften Taten sind drei körperlich, vier sprachlich und drei geistig. Die erste körperliche Nicht-Tugend besteht darin, einem anderen das Leben zu nehmen. Damit Tötung stattfinden kann, muß ein anderes Lebewesen vorhanden sein; sich das eigene Leben zu nehmen unterliegt nicht derselben Beurteilung, weil daran kein weiteres Einzelwesen beteiligt ist. Wenn man ursprünglich die Absicht hat, ein bestimmtes Einzelwesen zu töten, aber beim tatsächlichen Tötungsvollzug aus Versehen jemand anderen tötet, dann bildet dies keine vollständige nicht-tugendhafte Tötungshandlung. Wenn freilich das eigene Ausgangsmotiv darin besteht, jeden zu töten, der einem begegnet, und man dann jemanden tötet, so erfüllt dies den vollen Tatbestand der Nicht-Tugend der Tötung.

Tötung kann durch jedes der drei Gifte motiviert sein: durch begehrliches Anhaften, durch Haß oder durch Unwissenheit. Zum Beispiel können wir Tiere töten, weil wir das Fleisch begehren, wir können Feinde aus Haß töten, und wir können aus Unwissenheit Tieropfer vollziehen. Ob man die Tat eigenhändig ausführt oder ob andere sie für einen ausführen, spielt keine Rolle; beide Fälle bilden dieselbe negative Tötungshandlung. Damit die Tötungshandlung vollständig ist, muß der Getötete früher sterben als der Tötende.

Die zweite negative Handlung ist Stehlen. Auch Stehlen kann durch begehrliches Anhaften motiviert sein, oder man kann aus Haß gegen jemanden stehlen, um diesem zu schaden. Stehlen könnte auch durch Unwissenheit motiviert sein, die auf die irrige Anschauung zurückzuführen ist, daß man sich alles nehmen kann, was man will. Die Zielsetzung ist, den Besitz von seinem Eigentümer zu trennen. Stehlen kann gewaltsam oder heimlich ausgeführt werden, oder man kann sich etwas leihen und die Vergeßlichkeit des Eigentümers ausnutzen und es dann einfach behalten; oder man borgt sich Geld und zahlt es nicht zurück. Die Tat ist vollständig, wenn man denkt, daß einem der Gegenstand jetzt gehört. Auch wenn man sie nicht unmittelbar selbst ausführt, sondern andere sie für einen selber ausführen, stellt sie noch immer Stehlen dar.

Die letzte der drei negativen Handlungen des Körpers ist sexuelles Fehlverhalten. Dieses kann eine sexuelle Handlung sein, die mit einer unzulässigen Person, einem unzulässigen Körperteil, zu einem unzulässigen Zeitpunkt, an einem unzulässigen Ort oder gegen den Willen der anderen Person vollzogen wird – was natürlich Vergewaltigung mit einschließt. Für einen Mann gehören zu den unzulässigen Frauen die eigene Mutter, die Gattin oder Freundin irgendeines anderen, Prostituierte, wenn sie gerade von jemand anderem ausgehalten werden, die eigenen Verwandten oder Ordensfrauen wie Nonnen. Auch männliche Personen fallen unter diese Kategorie. Unzulässige Körperteile sind der After und der Mund. Zu den unzulässigen Orten zählen das Areal um den Wohnsitz des eigenen spirituellen Meisters, die nähere Umgebung eines Stupa[12] und das Innere eines Tempels; auch die unmittelbare Gegenwart der eigenen Eltern fällt unter diese Kategorie. Für einen Mann ist der Zeitpunkt unzulässig, wenn die Frau ihre Periode hat, wenn sie schwanger ist und wenn sie an einer Krankheit leidet, die der Verkehr verschlimmern würde. Wenn ein Mann unter den genannten Bedingungen Geschlechtsverkehr hat, und sei es auch mit der eigenen Frau, dann gilt dies als sexuelles Fehlverhalten.

Geschlechtsverkehr hat man im allgemeinen aus begehrlicher Anhänglichkeit, aber er könnte auch aus Haß vollzogen werden, etwa wenn ein Mann mit der Frau eines Feindes schläft. Manchmal wird er auch aus Unwissenheit vollzogen, mit dem Gedanken, man könnte durch Geschlechtsverkehr zu großen inneren Verwirklichungen vordringen. Die negative Handlung sexuellen Fehlverhaltens kann nur von einem selbst begangen werden, und der Akt liegt definitiv vor, sobald die beiden Geschlechtsorgane zusammentreffen.

Die nächsten vier negativen Handlungen sind Taten der Rede. Die erste ist das Lügen. Dies umfaßt das Machen von Aussagen, die im Gegensatz zu dem stehen, was man gesehen oder gehört hat oder als wahren Sachverhalt weiß. Auch Lügen kann durch begehrliches Anhaften, Haß oder Unwissenheit motiviert sein. Die Zielsetzung ist, die andere Person zu verwirren, und sie kann realisiert werden, indem man entweder spricht oder mit dem Kopf nickt und mit der Hand gestikuliert. Jede Handlung, die mit der Zielsetzung geschieht, jemanden zu verwirren, stellt die negative Handlung des Lügens dar. Wenn die andere Person sie hört, stellt das die Vollendung dieses Aktes dar.

Das nächste ist das entzweiende Gerede. Die Zielsetzung ist, im Interesse seiner selbst oder im Interesse anderer zwischen Freunden oder Mitgliedern der spirituellen Gemeinschaft Uneinigkeit zu stiften. Ob man nun dabei Erfolg hat oder nicht – in dem Augenblick, in dem die andere Person das entzweiende Gerede hört, stellt das die Vollendung dieses Aktes dar.

Das nächste ist die verbale Grobheit. Die Zielsetzung ist, voller Härte zu sprechen, und die Tat ist vollständig, wenn die groben Worte von der anderen Person gehört werden, an die sie gerichtet sind. Verbale Grobheit umfaßt das Beschimpfen anderer, das Sprechen über ihre Fehler, egal ob es inhaltlich zutrifft oder nicht; tut man es, um die andere Person zu verletzen, dann ist der negative Tatbestand erfüllt.

Das nächste ist das sinnlose Geschwätz – das reine oberflächliche Geplapper ohne jeden Zweck; und es kann durch jedes der genannten drei Gifte – Begierde, Haß oder Unwissenheit – motiviert sein. Die eigene Zielsetzung besteht darin, einfach ohne jeden Grund zu schwatzen, bloß ohne jeden Zweck zu plaudern. Die Ausführung dieses Akts erfordert keine zweite Person. Man braucht keinen Partner; man kann es tun, indem man mit sich selber spricht. Zum seichten Geschwätz ist das Reden über Kriege und über die Fehler anderer zu zählen oder das Herumdebattieren um der bloßen Debatte willen. Auch das aus begehrlicher Fixierung erfolgende Lesen trivialer Bücher gehört dazu.

Schließlich gibt es die drei negativen Handlungen des Geistes, deren erste die neidische Habsucht ist. Der Gegenstand der neidischen Habsucht sind die Besitztümer, die anderen gehören. Jedes der drei Gifte kann die Verblendung sein, die neidische Habsucht auslöst. An der Vervollständigung dieser Nicht-Tugend sind fünf Faktoren beteiligt: eine starke begehrliche Fixierung auf die Besitztümer anderer, das Verlangen, Reichtum zu horten, der Neid auf die Besitztümer anderer, der dringende Wunsch, sich die Besitztümer eines anderen anzueignen, und das Blindsein für den Schaden, der im Gieren nach der Habe anderer liegt. Wenn diese fünf Faktoren vollständig sind, eben dann, wenn man neidisch nach etwas giert, ist der volle negative Tatbestand erfüllt.

Das nächste ist die schädliche Absicht, die der verbalen Grobheit ähnlich ist. Die Zielsetzung ist, jemanden zu verletzen oder voller Härte zu sprechen oder zu hoffen, daß andere Mißgeschick erleiden und in ihren Tätigkeiten scheitern werden. Sobald man sich solchen Gedanken hingibt, kann das Ergebnis oder die Folge davon sein, daß man entweder auf die betreffende Person buchstäblich einschlägt oder innerlich beabsichtigt, dies zu tun. Auch hierzu sind fünf Faktoren erforderlich: daß man von Wut oder Haß motiviert ist, daß es einem an Geduld fehlt, daß man sich über die Fehler der Wut nicht im klaren ist, daß man tatsächlich beabsichtigt, der anderen Person zu schaden, und daß man sich über die Fehler der schädlichen Absicht nicht genügend im klaren ist, um die eigene schädliche Zielsetzung zu überwinden. Einfach zu wünschen, daß die andere Person leiden möge: Das ist schädliche Absicht.

Die letzte der zehn negativen Handlungen besteht in den irrigen oder verkehrten Ansichten, dank derer man die Existenz von Dingen leugnet, die existieren. Es gibt im großen und ganzen vier Arten irriger Ansichten: nämlich irrige Ansichten in bezug auf die Ursache, in bezug auf die Wirkung, in bezug auf die Funktion eines Dings und in bezug auf die Existenz eines Dings. Eine irrige Ansicht in bezug auf die Ursache wäre es, zu glauben, daß es keine karmische Handlung gibt; in bezug auf die Wirkung, zu glauben, daß bestimmte Handlungen keine Folgen haben; in bezug auf die Funktion, zu meinen, daß Kinder nicht von ihren Eltern großgezogen werden und Saaten nicht ihre Ergebnisse zeitigen, wie auch zu meinen, daß es kein vergangenes Leben oder kein Leben nach dem Tode gibt. Die vierte Art ist eine irrige Ansicht in bezug auf existierende Dinge – aus Unwissenheit und begehrlichem Anhaften zu glauben, daß erleuchtete Wesen, das Nirwana und die Drei Juwelen nicht existieren. Tsong-kha-pa sagt, daß es zwar viele verschiedene Arten von irrigen Ansichten gibt, diese letztgenannten Ansichten aber tatsächlich den Tugendvorrat, den einer gespeichert hat, an der Wurzel treffen und infolgedessen den einzelnen dazu zwingen, sich ohne jede Kontrolle negativen Handlungen hinzugeben. Daher heißt es, irrige Ansichten über die Drei Juwelen und das Gesetz von Ursache und Wirkung seien die größten irrigen Ansichten.

Wir sollten uns auch der relativen Schwere der karmischen Handlungen bewußt sein. Es heißt, die Tat sei sehr schwer, wenn sie durch sehr starke Verblendungen motiviert ist. Auch die Art und Weise, in der die Tat faktisch vollzogen wird, ist maßgebend für das karmische Gewicht. Wenn zum Beispiel ein Mord mit großer Lust begangen wird, indem man das betreffende Einzelwesen erst foltert und anschließend verhöhnt und schmäht, dann, heißt es, sei die Tat sehr schwer wegen der unmenschlichen Art und Weise, auf die diese Person oder dieses Lebewesen getötet wurde. Wenn der Geist des Mörders kein Gewissen oder Schamgefühl besitzt, dann ist die negative Tötungshandlung sehr schwer, weil dem Täter oder der Täterin die entgegenwirkenden Kräfte fehlen. Wenn die Tötung eines Lebewesens durch Unwissenheit motiviert ist, etwa indem man ein Schlachtopfer darbringt, mit dem Gedanken, daß diese Tötung eigentlich ein religiöser Akt sei und keine negative Handlung darstelle, dann liegt, wie es heißt, ein sehr schwerer Fall von Tötung vor.

Allgemein ausgedrückt: Je häufiger man bestimmte negative Handlungen vollzieht, desto gravierender wird der Akt. Das Gewicht des Karma hängt auch von der Person ab, die die Handlung vollzieht. Wenn man sein Verdienst zugunsten anderer empfindender Wesen dem Vorhaben widmet, Erleuchtung zu erlangen, dann gilt es als mächtiger; wird es hingegen geringeren Zielen gewidmet, dann gilt es als weniger mächtig. Das trifft gleicherweise auf negatives Handeln zu; je wirkungsvoller die motivierenden Verblendungen sind, desto wirkungsvoller ist die karmische Handlung, und unter all diesen Verblendungen gilt die Wut als die mächtigste. Eine einzige gegen einen Bodhisattva gerichtete Regung der Wut würde einem alle Tugendvorräte zunichte machen, die man möglicherweise im Verlauf der letzten tausend Weltzeitalter angesammelt hat.

Die Wirkung negativer Handlungen basiert auch auf der Intensität der Verblendungen, von denen sie ausgelöst werden. Es gibt zudem Wirkungen, die mit der Ursache übereinstimmen. Zum Beispiel wird jemandes Leben infolge einer Tötungshandlung nur von kurzer Dauer sein, auch wenn er nach seiner Wiedergeburt in den niederen Existenzbereichen als Mensch wiedergeboren wird. infolge eines Diebstahls wird einem materieller Reichtum fehlen; infolge sexuellen Fehlverhaltens wird man einen sehr untreuen Ehepartner haben; infolge verletzender Rede werden einem Beleidigungen zugefügt werden; Infolge entzweiender Rede wird es zu Uneinigkeit im eigenen Freundeskreis kommen und so fort. Ein anderer Wirkungstyp besteht in triebhaftem Verhalten. Infolge einer Tötungshandlung in einem vergangenen Leben würde man als Mensch selbst triebhaften Impulsen unterliegen und Vergnügen am Töten finden.

Es gibt auch Wirkungen auf der Umweltebene, die auf kollektivere Weise, also letztlich für eine Gemeinschaft, heranreifen. Zum Beispiel würde man infolge einer Tötungshandlung womöglich in einer Gegend leben müssen, wo die Feldfrüchte nicht besonders gut, die Ernteerträge nicht reich sind, die Landschaft sehr öde, voller Giftstauden und Dornsträucher und das Klima nicht sehr günstig ist. Dank einer von einem Diebstahl herrührenden Wirkung auf der Umweltebene würde womöglich ein Bauer seine Felder ohne Erfolg bewirtschaften. Dank einer von irrigen Ansichten herrührenden Wirkung auf der Umweltebene würde einem womöglich jeglicher Schutz fehlen, und man fände keine Zuflucht.

Wenn man es aufgrund von sittlicher Gesinnung unterläßt, sich diesen negativen Handlungen hinzugeben, und beschließt, sich ihrer gezielt zu enthalten, stellt dies ein Ansammeln positiver Handlungen dar. Wenn man freilich nicht die Fähigkeit oder Veranlagung hat, sich negativen Handlungen hinzugeben, bedeutet das nicht, daß man tugendhafte Handlungen angesammelt hat; tugendhafte Handlungen können nur angesammelt werden, wenn man die Fähigkeit und Veranlagung hat, jene negativen Handlungen auszuführen, dies aber aus sittlicher Zurückhaltung nicht tut.

Manche Handlungen werden begangen, aber nicht absichtlich ausgeführt, etwa versehentliche Tötungen, geträumte Tötungen oder Akte, die man gegen den eigenen Willen tut. In diesen Fällen wird die Handlung begangen, aber das negative Karma wird nicht angesammelt; die Vervollständigung der karmischen Handlung findet nicht statt, weil ihr der notwendige Faktor der Absichtlichkeit fehlt. Wenn du andererseits jemanden dazu zwingst, zu deinen Gunsten einen nicht-tugendhaften Akt zu begehen, dann wird das negative Karma von dir angesammelt.

Die Folge einer Handlung kann innerhalb dieses Lebens

oder innerhalb des unmittelbar darauffolgenden Lebens oder nach einer Zeitspanne von vielen Leben zur Reife kommen. Einige der sehr schweren, aus Unwissenheit oder heftigem Haß vollzogenen Handlungen gelten als so schwer, daß sie ihre Folgen noch in diesem Leben zeitigen werden. Dasselbe trifft auch auf einige positive Handlungen zu; wenn man ein starkes Mitgefühl für empfindende Wesen hat, wenn man eine starke Zuflucht bei den Drei Juwelen hat und wenn man die Güte des spirituellen Meisters und der eigenen Eltern zurückerstattet, dann gelten die Früchte dieser Handlungen als so mächtig, daß sie innerhalb dieses Lebens beginnen werden heranzureifen.

Daß man eine menschliche Daseinsform erhält, ist hauptsächlich die Folge der Wahrung reiner Sittlichkeit und des aktiven Unterlassens der zehn negativen Handlungen. Um jedoch eine menschliche Daseinsform zu erhalten, welche die Voraussetzungen zum Voranschreiten auf dem Pfad in sich trägt, sind weitere Faktoren erforderlich. Zu diesen zählt ein langes Leben für die Vervollständigung der Dharmaausübung. Auch ist es hilfreich, einen gesunden, gutaussehenden und tadellosen Körper zu haben sowie aus einer angesehenen Familie zu stammen, weil man dann den Menschen natürlicherweise großen Respekt abnötigt und größeren Einfluß hat. Andere in den Texten erwähnte Faktoren sind das Verfügen über eine glaubwürdige Ausdrucksweise und das Verfügen über einen kraftvollen Körper und Geist, so daß man eventuellen Behinderungen nicht wehrlos ausgeliefert ist.

Dank einer attraktiven Erscheinung wirst du durch deinen bloßen Anblick Schüler anziehen und sie dazu veranlassen, dir völlig mühelos ihr gläubigstes Vertrauen entgegenzubringen. Wenn du aus einer angesehenen Familie stammst, wird man dir zuhören und deinem Rat Beachtung schenken. Du wirst imstande sein, viele Menschen unter deinem Einfluß zu versammeln, indem du ihnen materielle Unterstützung gibst, und du wirst wegen deiner glaubwürdigen Ausdrucksweise andere dazu veranlassen, das von dir Gesagte für wahr zu halten. Was immer du sagst, wird deinem Wunsch gemäß rasch ausgeführt werden, gerade so, wie wenn ein König einen Befehl erteilt. Du wirst dich nicht scheuen und keine Hemmungen haben, eine große Menschenmenge den Dharma zu lehren, und es wird für die Ausübung des Dharma weniger Hindernisse geben. Dadurch daß du über einen kraftvollen Körper und Geist verfügst, wirst du imstande sein, große physische Not auszuhalten, und es wird dir aus deinem Ringen um die Verwirklichung deiner eigenen Ziele und der Ziele anderer keinerlei Bedauern oder Frustration erwachsen.

Jeder dieser unterschiedlichen Vorzüge hat eine spezifische karmische Ursache. Die Ursache für ein langes Leben liegt darin, daß man stets eine hilfsbereite, selbstlose Einstellung hat und anderen niemals schadet. Die Ursache für einen starken, gesunden Körper liegt darin, daß man anderen neue Kleidung gibt und es sich verbietet, in Wut zu geraten. Aus einer angesehenen Familie zu stammen ist die Folge davon, daß man immer bescheiden, niemals hochmütig ist und sich seinem Lehrer und den eigenen Eltern innerlich wie ein Dienstbote unterordnet. Die Ursache für großen Reichtum liegt darin, daß man Armen materielle Unterstützung gibt, und die Ursache für glaubwürdige Ausdrucksweise liegt darin, daß man sich negativer Handlungen der Rede enthält. Großen Einfluß zu haben ist die Folge davon, daß man den Drei Juwelen, den eigenen Eltern, Lehrern und so weiter Opfer bringt. Einen kraftvollen Körper und Geist zu haben ist die Folge davon, daß man anderen zu essen und zu trinken gibt. Wenn du diese Ursachen ansammelst, wirst du die einzigartige menschliche Daseinsform mit ebendiesen Vorzügen erlangen.

Wenn wir müßig dahinleben und nicht ernsthaft über das karmische Gesetz nachdenken, könnten wir bisweilen das Gefühl haben, daß wir keinerlei negative Handlungen ansammeln und daß wir gute Schüler des Dharma sind. Wenn wir jedoch unsere Gedanken und Handlungen eingehend untersuchen, werden wir entdecken, daß wir uns strenggenommen tagtäglich in seichtem Gerede ergehen, anderen schaden oder neidisch sind. Wir werden entdekken, daß uns eigentlich der grundlegende Faktor eines tiefen Überzeugtseins fehlt, das erforderlich ist, um das Gesetz des Karma wirklich einhalten zu können. Wir müssen die Lücke zwischen der Ausübung des Dharma und der Art, wie wir eben jetzt unser Leben leben, sehen. Um die Lücke zu schließen, solltest du die Kenntnis des Gesetzes von Ursache und Wirkung in deine Handlungen einbeziehen. Wenn du die potentielle Gefahr deiner Denk- und Handlungsweise erkennst, dann wirst du wiederholt den Entschluß fassen, deine Gedanken und dein Verhalten zu berichtigen.

Tsong-kha-pa sagt: Obwohl wir uns große Mühe geben sollten, uns jenen negativen Handlungen nie wieder hinzugeben, müssen wir bisweilen feststellen, daß wir sie infolge unseres langfristigen Umgangs mit Verblendungen unwillkürlich begangen haben. Wir sollten diese Verfehlungen nicht unbeachtet lassen. Vielmehr sollten wir uns den Läuterungstechniken unterziehen, die der Buddha selbst empfohlen hat. Er sagte, daß wir durch die Anwendung von vier Gegenkräften imstande sein werden, das bereits begangene Negative zu läutern und zu überwinden. Die erste ist die Kraft der Reue. Indem du über die Bedrohlichkeit der Folgen negativer Handlungen nachsinnst, solltest du aus tiefstem Herzen ein aufrichtiges Gefühl der Reue angesichts der begangenen Handlungen entwickeln.

Die zweite ist die Kraft der Läuterung. Diese kann durch eine Reihe von Techniken erlangt werden; dazu gehören das Rezitieren, Auswendiglernen und Lesen von Sutras, das Meditieren über die Leere[13], das Rezitieren von Mantras, das Verfertigen von Bildnissen des Buddha, das Darbringen von Opfern und das Rezitieren der Namen der Buddhas. Diese Läuterungsübungen sollten durchgeführt werden, bis man Anzeichen oder Andeutungen eines Erfolgs in der Läuterungspraxis erkennt. Zu diesen Anzeichen gehören das Träumen, sich zu erbrechen, das Träumen, Milch oder Dickmilch zu trinken, das Erblicken von Sonne und Mond im Traum, Träume vom Fliegen oder von brennenden Feuern oder von gewaltigen Büffeln oder von Menschen mit schwarzen Mänteln, Träume, in denen Mönche und Nonnen vorkommen, das Träumen, Hügel zu ersteigen, und das Träumen, Belehrungen zuzuhören. Dies sind Andeutungen von Erfolg in der eigenen Läuterungspraxis.

Die dritte ist die Kraft des Entschlusses, sich der nichttugendhaften Tat künftig nicht mehr hinzugeben. Wenn du die Entschlußkraft hast und dich selbst am Begehen der zehn negativen Handlungen hinderst, wirst du nicht nur imstande sein, das Negative der zehn nichttugendhaften Handlungen zu läutern, sondern du wirst auch die Kraft haben, die von ihnen hinterlassenen Verblendungen und Prägungen zu läutern. Wenn deine Entschlußkraft schwach ist, wird deine Läuterung gleichfalls schwach sein. Die vierte und letzte Kraft ist die Zufluchtnahme zum Buddha, Dharma und Sangha sowie das Kultivieren des Wunsches, um aller empfindenen Wesen willen erleuchtet zu werden.

Wenn eine negative Handlung begangen wird und ungeläutert bleibt, wird sie das Potential haben, eine Wiedergeburt in den niederen Existenzbereichen zu erzeugen. Negative Handlungen können entweder gänzlich geläutert werden, das heißt, daß ihr Potential gänzlich vernichtet wird, oder ihr Potential zur Erzeugung von Wiedergeburt in niederen Bereichen wird vernichtet, aber sie selbst können sich eventuell in diesem Leben als einfache Kopfschmerzen manifestieren. Das heißt, alle negativen Handlungen, die ihre Ergebnisse sonst über einen langen Zeitraum hin hervorgebracht hätten, können innerhalb einer kurzen Zeitspanne erfahren werden. Die jeweiligen Folgen hängen davon ab, ob der Übende in der Läuterungspraxis geschickt ist oder nicht, ob die vier Kräfte vollständig da sind oder nicht, und auch davon, wie intensiv die eigene Ausübung ist, und wie lange man diese Läuterungspraxis auf sich nimmt. In manchen Fällen wird das Potential karmischer Handlung vernichtet; in anderen Fällen kann es sich in leichteren Erfahrungen manifestieren.

Man sollte daraus keinen Widerspruch zu der in den Schriften aufgestellten Behauptung konstruieren, daß einmal begangene karmische Handlungen ihr Potential selbst in hundert Weltzeitaltern nicht verlieren. Sie besagt: Wenn die einmal begangenen karmischen Handlungen ungeläutert bleiben, dann werden sie ihr Potential niemals bloß aufgrund der verstrichenen Zeit verlieren. Es gibt jedoch keine Handlung, die sich nicht läutern ließe. Läuterung vernichtet das Potential der negativen karmischen Handlungen auf dieselbe Weise, wie positive Handlungen ihr Potential aufgrund von Wut verlieren können. Aber der Buddha sagt, daß man niemals eine karmische Handlung läutern kann, wenn sie bereits ihre Folgen gezeitigt hat. Zum Beispiel sind die negativen Erfahrungen, die wir in diesem Leben machen, Auswirkungen von negativen, in der Vergangenheit verübten Handlungen – von Handlungen, die schon zu jener Zeit stattgefunden haben; diese kann man keineswegs läutern.

Tsong-kha-pa sagt: Da es bei positiven Handlungen möglich ist, daß sie ihr Potential aufgrund von Gegenfaktoren, wie etwa Wut, verlieren, sollten wir nicht nur sehr darauf achten, Tugenden anzusammeln, sondern wir sollten auch gleichermaßen darauf achten, Tugenden zu schützen, nachdem wir sie einmal angesammelt haben. Dies geschieht dadurch, daß wir unser Verdienst dem Erlangen der Erleuchtung widmen, in der Absicht, Buddhaschaft zu verwirklichen. Wenn man einmal, so heißt es, sein Verdienst der Erlangung solcher Ziele gewidmet hat, dann wird das in dem angesammelten verdienstvollen Handeln liegende Potential nie verlorengehen, bis man diese Ziele wirklich erreicht hat. Es ist, als ob man sein Geld in einer für Räuber uneinnehmbaren Bank deponierte, wobei im vorliegenden Fall Wut, begehrliches Anhaften oder Unwissenheit die Räuber wären.

Obwohl wir durch die Anwendung geeigneter Gegenkräfte das Negative völlig läutern können und damit sein Potential, unerwünschte Folgen hervorzubringen, vernichten, ist es weit besser, diese negativen Handlungen überhaupt gar nicht erst zu begehen. Es ist daher besser, sich ihnen gleich von Anfang an nicht im geringsten hinzugeben, seinen Geist nicht im geringsten mit solchen negativen Handlungen zu beflecken. Tsong-kha-pa bringt hierzu folgenden Vergleich: Jemand bricht sich ein Bein; später wird es geheilt, aber es unterscheidet sich ganz gehörig von einem Bein, das nie gebrochen war.

Da in anderen Schriften das Glück und die Vorteile dieses Lebens innerhalb des Samsara als zu vermeidende und aufzugebende Ziele beschrieben werden, könnten nun manche meinen, es sei für einen Dharma-Schüler unangemessen, günstige Existenzformen erlangen zu wollen, weil diese ja auch ein Leben im Samsara sind. Das ist eine grundverkehrte Einstellung. Wenn wir von Zielen sprechen, geht es um zwei Typen: vorübergehende Ziele und endgültige Ziele. Zu den vorübergehenden Zielen gehört das Erlangen einer kostbaren menschlichen Daseinsform im nächsten Leben. Auf der Basis einer solchen kostbaren menschlichen Daseinsform wäre man imstande, seine Ausübung des Dharma fortzusetzen, um schließlich sein höchstes Ziel, das Erlangen von Erleuchtung, verwirklichen zu können. Obwohl es für einen Anhänger des Mahayana[14] das höchste Ziel ist, im Interesse anderer empfindender Wesen nach Allwissenheit zu streben, ist es für ihn auch wichtig, sich eine günstige künftige Wiedergeburt, etwa die menschliche Existenz, zu wünschen, so daß er fähig sein wird, in der Übung des Dharma fortzufahren.

Shantideva sagt, daß man das menschliche Leben als Fahrzeug ansehen sollte, in dem man den Ozean des Samsara überqueren kann. Um das höchste Ziel, das Erlangen des Zustands der Allwissenheit, zu verwirklichen, muß man in vielen Leben die kostbare menschliche Daseinsform haben. Die grundlegende Ursache für das Erlangen solch günstiger Formen der Wiedergeburt ist die Ausübung der Sittlichkeit. Der Mehrheit der Menschen fällt es schwer, der Welt völlig zu entsagen, auch nachdem sie den Wunsch entwickelt haben, die Übung des Dharma auf sich zu nehmen. Der Idealtyp des Übenden entsagt dem weltlichen Dasein und verbringt den Rest seines Lebens in abgeschiedener, einsamer Übung. Das ist durchaus lobenswert und hat große Vorteile, aber der Mehrheit von uns fällt es sehr schwer, eine derartige Praxis auf sich zu nehmen. Man muß ja auch an sein eigenes Leben denken, und auch innerhalb der Gemeinschaft arbeiten und den Menschen dienen. Du solltest dich von weltlichen Aktivitäten nicht völlig in Anspruch nehmen lassen; du solltest auch die Verbesserung deines künftigen Lebens im Auge behalten und deshalb viel Energie und Zeit auf die Übung des Dharma verwenden. Du beginnst, dir darüber klar zu werden, daß die Angelegenheiten dieses Lebens im Vergleich zu deiner künftigen Bestimmung nicht gar so wichtig sind.

Indem du Zuflucht nimmst und innerhalb des karmischen Gesetzes lebst, dir mithin Mühe gibst, negative Handlungen zu unterlassen und positive Handlungen anzusammeln, wirst du dich möglicherweise einer günstigen Wiedergeburt in der Zukunft erfreuen. Damit allein sollten wir uns jedoch nicht zufriedengeben, denn auch diese günstige Wiedergeburt ist, als Position im Samsara, dem Wesen nach Leiden. Wir sollten vielmehr die Einsicht entwickeln, daß jede Existenzform innerhalb dieses Existenzkreislaufs dem Wesen nach Leiden ist. Seit anfangsloser Zeit haben wir diesen instinktiven, begehrlichen Hang zum Glück des Samsara, und wir waren nie imstande, die Freuden des Samsara als das zu durchschauen, was sie sind: wirkliche und echte Leiden. Solange Gefangene nicht wissen, daß sie im Gefängnis sind und die Härte und schwer zu ertragende Mühsal des Gefangenenlebens nicht als solche wahrnehmen, werden sie keinen echten Wunsch entwickeln, sich aus dem Gefängnis zu befreien. Das gleiche trifft auf den Samsara zu: Solange du die Mängel des Lebens innerhalb dieses Existenzkreislaufs nicht sehen kannst, wirst du nie den echten Wunsch entwickeln, das Nirwana, das Befreitsein vom Samsara, zu erringen.

Man sollte nicht die irrige Meinung haben, der Buddhismus sei pessimistisch. Er ist vielmehr ausgesprochen optimistisch, weil das Ziel jedes Individuums vollständige Erleuchtung ist, die völlige und andauernde Glückseligkeit bringt. Der Buddhismus erinnert uns daran, daß dies jedem möglich ist. Die Freuden des Samsara scheinen vorübergehend begehrenswert zu sein, aber sie können uns niemals befriedigen, ganz gleich, wie lange wir sie genießen, und sie sind nicht verläßlich, weil sie der Veränderung unterworfen sind. Im Vergleich zur Wonne und Glückseligkeit des Nirwana, das endgültig, beständig und ewig ist, werden diese Freuden und das Glück innerhalb des Samsara bedeutungslos.

Kapitel 8

Die Vier Wahrheiten

Um unser Streben nach Befreiung aus dem Existenzkreislauf auf ein solides Fundament zu stellen, müssen wir unsere Lage sorgfältig prüfen

und über die Gründe für den Wunsch zu entfliehen nachdenken. Als erstes muß man klar erkennen, daß unser Körper und Geist dem Leiden nicht entgehen können. Die Vier Edlen Wahrheiten – die erste Lehre des Buddha – sprechen unmittelbar dieses Kernproblem an. Diese Wahrheiten sind die Wahrheit des Leidens, die Wahrheit des Leidensursprungs, die Wahrheit der Beendigung des Leidens und die Wahrheit des Pfades, der zur Beendigung des Leidens führt. Die Entscheidung des Buddha, die Wahrheiten in dieser Reihenfolge zu lehren, ist von großer Bedeutsamkeit für unsere Praxis. Um hervorzuheben, wie wichtig es ist, daß wir begreifen, daß das, was wir normalerweise als Glück betrachten, genaugenommen Leiden ist, lehrte der Buddha als erstes die Wahrheit des Leidens.

Wenn dir klar wird, daß du in einen Ozean des Leidens gefallen bist, wirst du den Wunsch entwickeln, aus diesem Leiden befreit zu werden, und du wirst erkennen, daß es zu diesem Zweck als erstes erforderlich ist, den Ursprung des Leidens zu beseitigen. Auf der Suche nach dem Leidensursprung wirst du die Verblendungen und karmischen

Handlungen entdecken. Du wirst dann fähig sein zu erfassen, daß der Existenzkreislauf und seine Leiden von deinen eigenen karmischen Handlungen erzeugt werden, die ihrerseits von den Verblendungen in Gang gesetzt werden; diese sind in dem Irrglauben an die Festigkeit oder inhärente Existenz des Selbst verwurzelt. Wenn wir analysieren, welche Vorstellung wir uns vom Selbst machen, werden wir entdecken, daß wir zu der Vorstellung neigen, es existiere an sich, unabhängig vom Geist und vom Körper. Und doch entgleitet es uns, sobald wir es zu lokalisieren suchen. Der Buddha lehrte, daß kein derartiges Selbst existiert und daß unser Glaube an ein unabhängiges Selbst die Wurzel allen Leidens ist.

In bezug auf ein Leben nach dem Tode teilen sich die vielen verschiedenen Religionen in zwei Gruppen auf: Die eine verneint es, die andere glaubt daran. Jene, die ein Leben nach dem Tode annehmen, lassen sich wiederum in zwei Gruppen gliedern: Die eine glaubt, daß die Verblendungen und Befleckungen des Geistes beseitigt und geläutert werden können, während die andere Gruppe glaubt, daß dies nicht möglich ist. Die letztere vertritt die Meinung, daß wir den Geist, solange er vorhanden ist, keineswegs läutern und von seinen Verblendungen trennen können. Daher ist Beseitigung von Verblendung gleichbedeutend damit, daß der Geist selbst aufgehoben werden muß. Innerhalb der Gruppe, die glaubt, daß der Geist letztlich von seinen Befleckungen und Verblendungen getrennt werden kann – die also an das Nirwana glaubt –, identifiziert wiederum eine Gruppe das Nirwana mit einer Art Gegend, die völlig frei von Leiden ist, einer angenehmen Gegend in einem erhabenen Bereich. Andere identifizieren das Nirwana mit dem Geisteszustand, in dem sich die Verblendungen gänzlich in der Realität auflösen. Das Nirwana hat nichts anderes als den

Geist zur Basis und Voraussetzung. Das ist die buddhistische Auffassung.

Die Wahrheit des Leidens

Um die erste Wahrheit, die des Leidens, zu verstehen, muß man über das Leiden meditieren. Wir betrachten uns selbst als das Wertvollste im Universum, und wir gehen mit uns selbst so um, als seien wir wertvoller als ein Buddha. Aber diese innige Anhänglichkeit hat noch immer nicht zu vollkommenem Glück geführt. Seit anfangsloser Zeit machen wir den Existenzkreislauf durch und hatten unzählige Leben. Von der Kindheit bis heute haben wir Höhen und Tiefen, alle möglichen Frustrationen und Verwirrungen durchgemacht. Unser Leben ist beladen mit Problemen, Leiden, Nöten und Frustrationen. Schließlich wird dieses Leben mit dem Tode enden, und wir haben keinerlei Gewißheit, wohin wir danach gelangen werden. Wir sollten wirklich prüfen, ob es eine Methode gibt, uns selbst aus dieser unbefriedigenden Existenz zu befreien. Wäre das Leben so beschaffen, daß es unabhängig von Ursachen und Voraussetzungen entstünde und ohne einen über es hinausreichenden, ununterbrochenen Zusammenhang endete, dann hätten wir keinerlei Chance zu entfliehen. Und wenn dies zuträfe, dann sollten wir nach hedonistischen Grundsätzen leben. Aber wir wissen, daß Leiden etwas ist, das wir wirklich nicht wollen: Wenn es möglich ist, völlige Freiheit davon zu erlangen, dann lohnt es sich, diese Freiheit zu erringen.

Karmische Handlungen von Körper, Rede und Geist sind das, was uns an den Existenz- und Leidenskreislauf fesselt. Wie wir wissen, können wir diese Handlungen schon in einem Augenblick ansammeln, und dieser Augenblick kann uns in einen niederen Bereich versetzen. Diese Knechtschaft ist im ungezähmten Geist verwurzelt und durch unsere eigene Unwissenheit, unsere eigene falsche Einschätzung des Selbst verursacht. Diese instinktive Vorstellung von so etwas wie einem unabhängigen, für sich bestehenden Selbst oder Ich treibt uns dazu an, uns allen möglichen negativen Handlungen hinzugeben, die Leiden zeitigen. Diese ichbezogene Einstellung ist seit langem unser Gebieter; stets haben wir ihren Befehl befolgt. Wir sollten uns darüber klar werden, daß wir keinen Vorteil davon hatten, uns nach ihrem Rat zu richten. Wenn wir das weiterhin tun, besteht keine Aussicht auf Glück. An diesem Punkt sollten wir prüfen, ob es möglich ist, die Verblendung zu überwinden, oder nicht.

Die bloße Erfahrung der Geburt ist sowohl für die Mutter wie auch für das Kind schmerzhaft. Nachdem wir geboren sind, hat die Verblendung eine triebhafte Macht über unseren Körper und Geist und verhindert es, daß der Geist auf die Ausübung des Dharma hingelenkt wird. Unser eigener Körper wird zur Ursache für die entstehenden Verblendungen. Wenn zum Beispiel der Körper durch bestimmte Krankheiten geschwächt wird, gerät man in Wut, und wenn er kräftiger ist, unterliegt man begehrlichem Anhaften. Geburt zieht unausweichlich Tod nach sich, und Tod zieht unausweichlich die nächste Wiedergeburt nach sich. Als ob dies nicht genug wäre, dient die Wiedergeburt selbst als Basis für weitere Leiden, denn die jeweilige Wiedergeburt liefert den Rahmen für weitere Verblendungen, welche abermals negative Handlungen motivieren, die karmische Konsequenzen haben.

Diese menschliche Existenz, die wir für wertvoll halten, entstand aus etwas Unsauberem. Unser Körper wird durch die Vereinigung der reproduktiven Flüssigkeiten der Eltern, des Samens und des Eis, erzeugt. Wenn wir Blut und Samen auf einem Tuch oder einen Spritzer davon auf dem Boden entdecken, stößt uns das ab. Und doch beten wir weiterhin unseren eigenen Körper an. Wir versuchen, unseren Körper mit prächtiger Kleidung zu verhüllen und kaschieren den Geruch mit Parfüm. Auch unsere Eltern entstanden aus den gleichen Substanzen und ebenso ihre Eltern und Großeltern. Wenn wir die Sache zurückverfolgen, werden wir erkennen, daß der Körper das Endprodukt all dieser unreinen Substanzen ist. Wenn wir noch einen Schritt weiter gehen, können wir erkennen, daß der Körper wie eine Maschine zur Herstellung von Kot und Urin ist. Wenn man Regenwürmer sieht, die am einen Ende Dreck fressen, um ihn dann am anderen Ende auszuscheiden, ist das wirklich ein äußerst erbärmlicher Anblick. Dasselbe trifft auf unseren Körper zu; wir hören nicht auf zu essen, und wir hören nicht auf auszuscheiden. So ein Körper ist nichts, das besondere Wertschätzung verdiente.

Außerdem haben die Menschen die Möglichkeit, den bloßen Fortbestand der Erde zu gefährden. Infolge ihres ungezähmten Geistes haben Menschen wie Stalin, Hitler und Mao nicht nur eine grenzenlose Menge negativer Handlungen angesammelt, sondern auch das Leben unzähliger Personen beeinträchtigt, indem sie Elend, Leiden und Qual verursachten.

Dann ist da das Leiden des Alterns. Das Altern geht nach und nach vor sich; andernfalls wären wir überhaupt nicht imstande, es zu ertragen. Wenn wir alt werden, verlieren wir die Geschmeidigkeit, die wir hatten, als wir jung waren; wir können die Nahrung nicht verdauen, die uns einmal so gut geschmeckt hat. Wir sind unfähig, uns die Namen von Menschen oder Dingen ins Gedächtnis zurückzurufen, die wir früher ganz selbstverständlich präsent hatten. Nach und nach fallen uns die Zähne aus, fallen uns die Haare aus, und wir verlieren Sehkraft und Gehör. Schließlich erreichen wir ein Verfallsstadium, in dem die Leute beginnen, schon allein unseren Anblick abstoßend zu finden. Sobald du ein Stadium erreicht hast, in dem du auf die Hilfe anderer angewiesen bist, schrecken die Leute vor dir zurück.

Als nächstes ist da das Leiden der Krankheit. Physisches Leid und geistige Unruhe steigern sich, und man muß Tage und Nächte unter der Marter der Krankheit hinbringen. Die Erkrankung hindert einen daran, die Nahrung zu essen, die man wirklich mag, und das zu tun, was man gerne tut. Man muß Arzneien einnehmen, die gräßlich schmecken.

Das nächste ist das Leiden des Todes. Man muß sich von seinem Besitz trennen, man muß sich von seinen Lieben trennen, und man muß sich von seinem eigenen Körper trennen, der einen das ganze Leben hindurch begleitet hat. Das Leiden des Todes steht uns sehr deutlich vor Augen; es ist nicht nötig, es noch eingehender zu erläutern.

Dann ist da das Leiden des Zusammentreffens mit dem Unerwünschten, etwa mit Feinden. In diesem Leben kommt es zu vielen Erfahrungen, die wir nicht wollen. Wir Tibeter haben unsere Freiheit verloren; das ist das Leiden des Zusammentreffens mit dem Unerwünschten. Selbst Menschen in einer Supermacht wie den Vereinigten Staaten werden von allen möglichen Problemen heimgesucht. Da sie in so großem materiellen Überfluß heranwachsen, sind sie manchmal verwöhnt und verdorben. Infolge zügellosen Wettbewerbs leben sie in größerer Unruhe als andere. Bis zu einem bestimmten Grad ist Wettbewerb sinnvoll, aber wenn er außer Kontrolle gerät wie in den Vereinigten Staaten, ruft er Mißgunst und allgemeine Unzufriedenheit hervor. In den Wohlstandsgesellschaften gibt es so viel Nahrung, daß sie manchmal ins Meer geworfen wird, aber in anderen Regionen des Planeten gibt es Länder, wie etwa in Afrika, wo Millionen Menschen hungern. Es ist nicht leicht, jemanden zu finden, der vollkommen zufrieden ist.

Das nächste ist das Leiden, daß einem ebendas, was man sich wünscht, weggenommen wird. Wir Tibeter verloren unsere Heimat und mußten uns von unseren Lieben trennen. Es gibt auch das Leiden, das Erwünschte nicht zu erhalten, obwohl man danach trachtet. Man arbeitet zwar auf dem Feld, doch man erzielt keine gute Ernte; oder man beginnt mit einer Tätigkeit, hat aber keinen Erfolg damit.

Eine andere Perspektive des Leidens erschließt sich, wenn man das Leiden der Ungewißheit betrachtet. In diesem Existenzzyklus, im Verlauf vieler Wiedergeburten, ja bisweilen innerhalb eines einzigen Lebens ändert sich alles. Unsere Eltern verwandeln sich in Feinde, unsere Angehörigen verwandeln sich in Feinde, unsere Feinde verwandeln sich in Freunde, unsere Eltern werden irgendwann in der Zukunft als unsere eigenen Kinder geboren werden. Es gibt keinerlei Gewißheit. Tsong-kha-pa sagt: Wir sollten diese emotionalen Schwankungen verhindern, die wir anderen Menschen gegenüber verspüren und die darauf beruhen, daß wir die einen als Feinde und die anderen als Angehörige oder Freunde unterscheiden oder einstufen. Wir sollten über die Ungewißheit des ganzen Lebens innerhalb dieses Existenzkreislaufs nachdenken und versuchen, ein Gefühl der Abneigung gegen den Samsara zu entwickeln.

Dann gibt es das Leiden des Mangels an Zufriedenheit. Wenn wir uns wirklich vergegenwärtigen, wieviel Nahrung wir im Verlauf eines einzigen Lebens gegessen haben, dann fühlen wir uns deprimiert und fragen uns, welchen Gebrauch wir davon gemacht haben. Wenn das bei diesem Leben der Fall ist, was geschieht dann, wenn wir uns unsere ganzen vergangenen Leben vergegenwärtigen – zum Beispiel die Milchmenge, die wir als Kleinkinder aus unseren Müttern getrunken haben? Das übersteigt unsere Vorstellungskraft. Man sollte über alle Arten von Glück und Leid in diesem Existenzkreislauf nachsinnen und daran denken, daß es keinerlei Erfahrung gibt, die man im Samsara nicht bereits durchgemacht hätte. Wir versuchen zu genießen, um so etwas wie eine innere Befriedigung zu haben, aber die Lust und das Glück des Samsara sind so beschaffen, daß sich kein Gefühl des Zufriedenseins einstellt, ganz gleich, wie angestrengt wir versuchen, sie zu genießen; und das wiederholt sich endlos. Man sollte über diesen Mangel an Zufriedenheit nachsinnen, der schon an sich ein großes Leiden ist. Unzählige Male haben wir im Samsara all diese Erfahrungen und Höhen und Tiefen durchgemacht. Indem man über die Bedeutungslosigkeit solcher Erfahrungen reflektiert, sollte man zu dem Schluß kommen, daß es keinen Zweck hat, überhaupt noch weiterzumachen, wenn man diesem Teufelskreis nicht hier und jetzt ein Ende bereitet. Demgemäß sollten wir ein tiefes Gefühl der Abneigung gegen das gesamte Erfahrungsspektrum innerhalb dieses Existenzkreislaufs entwickeln.

Ferner gibt es das Leiden, den Körper immer wieder ablegen zu müssen. Bis zum heutigen Tag haben wir so viele Leben gelebt und so viele Körper gehabt, und noch immer sind wir nicht imstande, von ihnen auf sinnvolle Weise Gebrauch zu machen. Dadurch, daß wir lediglich diese zahllosen Körper annahmen, haben wir nichts erreicht. Immer wieder haben wir die Empfängnis durchmachen müssen. Der Buddha sagte, wenn wir unsere Mütter zählen wollten, indem wir Kieselsteine aneinanderreihten, von denen jeder einzelne eine Mutter darstellte, dann nähme diese Reihe kein Ende.

Denke über die Tatsache nach, daß alles Glück innerhalb des Samsara mit irgendeiner Art Elend und Frustration endet. Wie es die Texte sagen: Das Ende des Sammelns ist das Verbrauchen, das Ende des Aufstiegs ist der Niedergang, das Ende des Begegnens ist die Trennung, und das Ende des Lebens ist der Tod. Kurz, alle Erfahrungen, jede Lust und jedes Glück in diesem Existenzkreislauf, ganz gleich, wie eindrucksvoll und groß sie zu sein scheinen, enden im Elend.

Schließlich ergibt sich eine weitere Betrachtungsmöglichkeit durch die Unterscheidung der drei Typen des Leidens. Der erste Typ wird als Leid des Leidens bezeichnet und bezieht sich auf alle Erfahrungen von physischem und geistigem Schmerz, die wir normalerweise mit Leid gleichsetzen. Der zweite Typ wird als Leid der Veränderung bezeichnet. Da alle weltlichen Freuden und alles weltliche Glück sich letztlich in Leiden verwandeln, werden sie als Leiden der Veränderung bezeichnet. Leiden der Veränderung werden fälschlicherweise mit Glückserfahrungen gleichgesetzt. Wenn man zum Beispiel Fieber hat oder es einem sehr heiß ist und man sich mit kühlem Wasser übergießt, verspürt man eine Art Lustgefühl. Ebendies halten wir für Glück. Oder wenn man schon lange zu Fuß unterwegs ist und dann mit einem Mal Gelegenheit hat, sich hinzusetzen, empfindet man das momentan als reine Wonne. Aber genaugenommen ist es keine wonnevolle Erfahrung; was man eigentlich erfährt, ist ein allmähliches Aufhören des vorausgehenden Leidens. Wenn das Sich-Hinsetzen eine wahre Lust wäre, dann sollte einem die Fortsetzung des Sitzens gleichfalls Lust bereiten, aber wenn man weiterhin sitzen bleibt, wird man nach einer Weile müde werden und aufstehen wollen.

Der dritte Leidenstyp ist das Leid der übergeordneten Konditionierung – die Tatsache, daß unser Geist und Körper auf die Fähigkeit hin konditioniert sind, in jedem Augenblick Leid durchzumachen. Die drei Leidenstypen lassen sich auf folgende Weise veranschaulichen. Wenn man eine Brandwunde hat und eine Salbe aufträgt, die einem ein Gefühl der Linderung und des Schutzes gibt, gleicht das dem Leid der Veränderung, denn obzwar es im Augenblick wohltuend ist, wird die Lust nicht andauern. Wenn ferner jemand die Brandwunde zufällig berührt oder sie mit heißem Wasser bespritzt wird, empfindet man wirklich einen heftigen Schmerz. Das ist offenkundiges Leiden, das Leid des Leidens. Was diese beiden Leiden überhaupt erst möglich macht, ist die Tatsache, daß wir diese Brandwunde haben. Wenn wir uns keine Verbrennung zugezogen hätten, würden wir die nachfolgenden Erfahrungen nicht machen. Die Verbrennung liefert die Voraussetzung für weiteres Leid, geradeso wie uns der Besitz eines Körpers und Geistes für weiteres Leid prädisponiert. Und die Beschaffenheit des Körpers selbst liefert die Voraussetzung für die Möglichkeit, sich eine Verbrennung zuzuziehen. Er ist für das Leiden prädisponiert. Das ist das Leid der übergeordneten Konditionierung.

Wir sollten einsehen, daß die Leiden der Tiere, hungrigen Geister und Höllenwesen auch unter Menschen auftreten können. In Tibet verhungerten nach Beginn der chinesischen Besetzung viele Menschen. Es scheint, daß sie hier und da gezwungen waren, die Blätter von Bäumen sowie auch Insekten und Würmer zu essen. Das kommt ziemlich genau der Erfahrung hungriger Geister gleich. Dasselbe Leiden tritt derzeit in Afrika auf, wo Millionen Menschen wegen extremer Lebensmittelknappheit hungern. Wenn Staaten aufgrund politischer Differenzen gegeneinander Krieg führen, leiden die Menschen beinahe so wie in den Höllenbereichen. Als Stalin an die Macht kam, regierte er die Sowjetunion auf autoritäre und inhumane Weise. Es heißt, daß vor dem Zweiten Weltkrieg unter Stalins Herrschaft 14,5 Millionen Menschen ums Leben kamen. Es waren russische Kleinbauern, von denen viele an Hunger oder Gewaltaktionen starben. Die kommunistischen Parteimitglieder hatten Zugang zu gutem Essen und gutem Leben. Wenn sie zu Mittag speisten, mußten sie von Wachmannschaften geschützt werden, weil die Gefahr bestand, daß die Kleinbauern einen Aufstand anzetteln und sich das Essen nehmen könnten.

Selbst die Götter leiden. Sie sind fähig, ihren Tod vorauszusehen, bevor sie sterben, also leiden sie innerlich. Es heißt, daß ihre Blumengirlanden verwelken und ihre Kleider und Leiber zu stinken beginnen. Nachdem sie alle Freuden des Himmels erfahren haben, ist der gesamte Vorrat ihrer positiven Handlungen aufgebraucht. Infolgedessen werden sie sich, sobald sie sterben, geradewegs zu den niederen Existenzbereichen begeben. Tsong-kha-pa sagt, daß wir, nachdem wir auf diese Weise sowohl über die allgemeinen Leiden des ganzen Samsara als auch über die besonderen Leiden jedes einzelnen Existenzbereichs nachgedacht haben, ein tiefes Gefühl der Abneigung gegen alle Erfahrung innerhalb des Samsara herausbilden und uns zu einer nachhaltigen Entsagung durchringen sollten. Dann werden wir beginnen, wirklich genau zu erforschen, welche Ursachen es sind, die solche Nöte und Frustrationen bewirken. Das führt uns zur zweiten Wahrheit, der Wahrheit vom Ursprung des Leidens.

Die Wahrheit vom Ursprung des Leidens

Verblendung ist die Hauptursache für die Wiedergeburt im Samsara. Ohne Verblendungen hätten karmische Handlungen nicht die Kraft, Wiedergeburt zu erzeugen; sie wären wie eine Saat, die verbrannt worden ist. Es ist äußerst wichtig, die Gegenmittel gegen die Verblendungen ausfindig zu machen, und dies hängt wiederum davon ab, ob man die Verblendungen jeweils als solche wirklich erkannt hat. Deshalb sollten wir uns über die allgemeinen und speziellen Eigenarten der Verblendungen absolut im klaren sein. Wie der Erste Dalai Lama sagte: Zähme den einen Feind im Inneren, der die Verblendung ist. Äußere Feinde sind möglicherweise dem Anschein nach sehr schädlich, aber in künftigen Leben könnten sie sich in unsere Freunde verwandeln. Schon jetzt verschaffen sie uns die Gelegenheit, Nachsicht und Mitgefühl zu entwickeln, sind wir doch im wesentlichen alle gleich: Wir alle wollen das Glück und wollen nicht das Leid. Der innere Feind aber, der Feind Verblendung, hat keine positiven Eigenschaften; ihn soll man nur bekämpfen und vernichten. Wir müssen somit den Feind als solchen wirklich erkennen und seine Funktionsweise durchschauen. Jeder innerliche Zustand, der die Geistesruhe zunichte macht und innere Not bewirkt, die den Geist verstört, bedrückt und quält, gilt als Verblendung.

Welches sind die Hauptverblendungen? Als erstes ist da das begehrliche Anhaften, das intensive Verlangen nach schönen Menschen, schönen Dingen oder angenehmen Erfahrungen. Begehrliches Anhaften wird man sehr schwer los; es ist, als sei der eigene Geist eine feste Verbindung mit dem Gegenstand eingegangen. Eine weitere Verblendung ist die Wut. Wenn Menschen wütend werden, können wir unmittelbar beobachten, daß sie ihre Fassung verlieren; ihr Gesicht wird rot und verzerrt, und sogar ihre Augen röten sich. Der Gegenstand der Wut, sei er nun belebt oder unbelebt, ist etwas, das instinktiv als unerwünscht und widerwärtig beurteilt wird. Wut ist ein äußerst ungezähmter, ein sehr grober und unausgeglichener Geisteszustand. Der Stolz, eine weitere Verblendung, ist ein auf einer ichbezogenen Haltung beruhender Geisteszustand, in dem man sich viel auf den eigenen Rang, die eigene Stellung und das eigene Wissen einbildet. Ungeachtet dessen, ob man tatsächlich etwas geleistet hat oder nicht, hat man ein übersteigertes Selbstbewußtsein. Jemand, der einen sehr ausgeprägten Stolz hat, ist äußerst wichtigtuerisch und wirkt sehr aufgeblasen.

Die nächste Verblendung ist die Unwissenheit, die sich von den Vier Edlen Wahrheiten, dem Gesetz des Karma und so fort einen falschen Begriff macht. In diesem speziellen Zusammenhang bezieht sich Unwissenheit auf eine Geisteskomponente, die vom Wesen der Drei Juwelen und dem Gesetz des Karma absolut nichts weiß. Die Verblendung des Zweifels ist mentale Unschlüssigkeit hinsichtlich der Frage, ob es Vier Edle Wahrheiten gibt oder nicht, ob es ein Gesetz des Karma gibt oder nicht.

Zu einer weiteren Verblendungskategorie zählen irrige Ansichten, aktiv vertretene, falsche Auffassungen vom Wesen der Wirklichkeit. In erster Linie wäre hier ein Geisteszustand zu nennen, in dem man sich auf das eigene Ich konzentriert und die falsche Auffassung vertritt, dieses sei wahrhaftig oder seinem ursprünglichen Wesen nach existent – sich mithin vorstellt, daß es innerhalb unseres unbeständigen Körpers und Geistes so etwas wie ein beständiges, autonomes Selbst gibt. Weitere Typen irriger Ansicht würden etwa die Meinung verfechten, daß es kein Leben nach dem Tode, kein Gesetz des Karma und keine Drei Juwelen gibt. Auf der Grundlage des Fehlurteils über das Ich oder Selbst entstehen die übrigen Verblendungen. Nehmen wir zum Beispiel an, daß da ein aufgerolltes Seil ist und daß es ein bißchen dunkel ist; dann könntest du dieses aufgerollte Seil mit einer Schlange verwechseln. Daraufhin würde die falsche Vorstellung, daß das Seil eine Schlange sei, bei dir innerlich alle möglichen Reaktionen auslösen, etwa daß du fluchtartig das Haus verläßt oder die Schlange zu töten versuchst, die alle auf einem simplen Mißverständnis beruhen.

Auf die gleiche Art glauben wir fälschlicherweise, daß Körper und Geist so etwas wie ein Ich besitzen, und daraus ergeben sich dann alle übrigen Verblendungen, wie etwa Begierde und Wut. Wegen dieser ichbezogenen Einstellung, dieser illusionären Vorstellung vom Ich, behandeln wir uns und andere unterschiedlich. Dann halten wir, ausgehend davon, wie andere mit uns umgehen, die einen für freundlich und binden uns gefühlsmäßig an sie, die anderen hingegen für unfreundlich und stufen sie als Feinde ein. Dann haben wir Erlebnisse von Wut und Haß und werden, nur auf uns selber konzentriert, aufgeblasen und stolz. Dann, falls die Macht der illusionären Konzeption des Selbst besonders stark ist, fangen wir möglicherweise an, die Glaubwürdigkeit des Buddha in Frage zu stellen, der die Selbst-losigkeit lehrte. Infolgedessen beginnen wir möglicherweise, das Gesetz des Karma, die Vier Edlen Wahrheiten und die Drei Juwelen anzuzweifeln. Zu all dem kommt es wegen des fälschlichen Glaubens an ein Ich, das in und durch sich selber existiert.

Wenn Verblendung in dir aufkommt, bringt sie deine Gelassenheit, deine Geistesgegenwart durcheinander, und sie trübt auch deine Menschenkenntnis. Sie hinterläßt eine sehr starke Prägung. Sie schadet nicht nur dir, sondern auch anderen. Wenn du zum Beispiel so wütend bist, daß du anfängst, Leute zu schlagen, dann bereitest du deinen Mitmenschen Leiden. Wut wird deine Tugendkraft verringern und letztlich bewirken, daß du deine Besitztümer und Freunde verlierst. Wenn jemand in der Gewalt der Wut ist, verliert er wahrhaftig die charakteristischen Merkmale eines Menschen. Wir Menschen sind von Natur mit einem sehr hochentwickelten Verstand ausgerüstet, und wir haben die Kraft zu beurteilen, was richtig und was falsch ist, und das Für und Wider einer Sachlage abzuwägen. Wir haben diese natürliche Gabe, über die, im Unterschied zu anderen Daseinsformen, allein die Menschen verfügen, aber wenn wir im Bann von Verblendung sind, verlieren wir diese Kraft. Wir könnten dann wohl beschließen, irgend etwas zu tun, aber wir verlieren die Urteilskraft. Den Geist zu zähmen ist die wichtigste Aufgabe im Leben des einzelnen.

Die Wahrheit von der Beendigung des Leidens

Wie Tsong-kha-pa sagte: Alle Bereiche, in denen wir während des Existenzkreislaufs möglicherweise zur Wiedergeburt kommen, tragen, vom Gipfelpunkt der Existenz bis zur untersten Hölle, den Charakter des Leidens. Diese Leiden geschehen nicht ohne irgendeine Ursache, noch werden sie von irgendeiner Art allmächtigem Gott geschaffen. Sie sind das Produkt unserer eigenen Verblendungen und karmischen Handlungen, die durch ungezähmte Geisteszustände veranlaßt werden. Die primäre Ursache allen Leidens ist die Unwissenheit, die sich von der wahren Beschaffenheit der Phänomene einen falschen Begriff macht und das Einzel-Ich als wesenhaft existierend wahrnimmt. Diese Unwissenheit verleitet uns dazu, den Seinsstatus von Phänomenen zu hoch zu veranschlagen und das Kategorienpaar ich/andere zu schaffen. Daraus erwachsen Erfahrungen von Begierde und Haß, die ihrerseits alle möglichen negativen Handlungen zur Folge haben. Diese wiederum bringen all unsere nicht wünschenswerten Leiden hervor. Wenn wir diese Leiden nicht wollen, dann sollten wir ermitteln, ob es möglich ist, sie loszuwerden oder nicht. Wenn die Unwissenheit, die das Ich mißversteht, ein im Irrtum befindliches Bewußtsein ist, kann sie durch Richtigstellung des Irrtums beseitigt werden. Dies läßt sich dadurch erreichen, daß wir in unserem Geist eine Gewißheit erzeugen, die das genaue Gegenteil jenes irrigen Geisteszustandes realisiert, eine Weisheit, die klar erkennt, daß es kein derartiges, in und durch sich selbst existierendes Ich oder Selbst gibt.

Wenn wir diese beiden Geisteszustände vergleichen – den einen, der an ein Ich glaubt, das in und durch sich selbst existiert, den anderen, der das Nichtvorhandensein eines derartigen Ich gewahrt –, dann könnte das vermeintliche Erfassen eines Ich anfangs durchaus zwingend und gewichtig erscheinen. Da es aber ein im Irrtum befindliches Bewußtsein ist, fehlt ihm der logische Rückhalt. Die andere Geistesausrichtung, das Begreifen der Selbst-losigkeit, könnte im Anfangsstadium wohl sehr schwach sein, sie aber hat den logischen Rückhalt. Früher oder später wird diese die Selbst-losigkeit erkennende Weisheit sicher die Oberhand gewinnen. Im Anfangsstadium mag die Wahrheit nicht sehr einleuchtend sein, aber indem wir uns eingehender mit ihr beschäftigen, wird sie immer selbstverständlicher. Im Anfangsstadium könnte etwas Irriges durchaus handfest und real erscheinen, aber indem wir es gründlicher untersuchen, wird es zusehends fadenscheiniger und löst sich am Ende ganz auf.

Verblendung ist von Bewußtsein geschieden; sie ist kein

Bestandteil der wesenhaften Natur des Geistes. Zum Beispiel hat jemand, der sonst möglicherweise äußerst aufbrausend ist, sehr wohl Momente der Geistesruhe. Bloß weil man eine reizbare Person ist, heißt das nicht, daß man immerzu gereizt sein muß. Wenn demzufolge diese verblendeten Geisteszustände, etwa Haß und Begierde, in uns aufkommen, dann sind sie tatsächlich sehr intensiv und zwingend, aber es trifft auf keinen Fall zu, daß sie so lange manifest bleiben werden, wie wir bei Bewußtsein sind. Ein anderes Faktum ist, daß wir uns unmöglich mit zwei einander widersprechenden Arten geistiger Grundhaltung gleichzeitig ein und demselben Objekt zuwenden können, also etwa keinesfalls ein und derselben Person zur gleichen Zeit einen abgrundtiefen Haß und ein tiefes Gefühl des Mitleids entgegenzubringen vermögen.

In unserem Geist gibt es viele verschiedene, äußerst fein strukturierte Aspekte, von denen die einen negativ, die anderen positiv sind. Als ebenso offenkundige Tatsache wird uns deutlich: Je mehr wir unsere Vertrautheit mit einer Seite der beiden Gegensätze vertiefen und steigern, desto schwächer wird der Einfluß der anderen Seite. Daher können die in unserem Geist vorhandenen Befleckungen und Verblendungen beseitigt werden. Wir wissen aus eigener Erfahrung, daß manche Menschen in jungen Jahren wirklich ausgesprochen hitzköpfig und leicht zu provozieren sind, sich aber später in äußerst liebenswürdige Menschen verwandeln. Dies zeigt, daß es möglich ist, unsere geistige Verfassung zu ändern. Während wir unseren Geist mit Liebe und Mitgefühl vertraut machen, wird sich die Macht der Wut nach und nach verringern.

Die Wahrheit des Pfades, der zur Beendigung des Leidens führt

Nachdem wir eingesehen haben, daß im Existenzkreislauf alle Erfahrung den Charakter des Leidens trägt, sollten wir den ernsthaften Wunsch entwickeln, Befreiung daraus zu erlangen. Von diesem Wunsch motiviert, sollten wir den Pfad der drei Schulungen einschlagen: der Schulungen des sittlichen Verhaltens, der Konzentration und der Weisheit. Unter diesen dreien ist die Weisheit das Gegenmittel, das die Verblendungen auslöschen wird, und zwar dadurch, daß sie die Selbst-losigkeit erkennt. Für dieses Ziel brauchen wir erst einmal als Basis die innerliche Festigkeit der Konzentration, und diese hängt wiederum engstens mit der Wahrung reiner Sittlichkeit zusammen. Daher sind wir ebenso auf Schulung in sittlichem Verhalten angewiesen. Im Anfangsstadium sollte man der Übung der Sittlichkeit absolute Priorität einräumen; das ist das dringlichste Erfordernis.

Tsong-kha-pa sagt, daß Achtsamkeit und Selbstprüfung das Fundament des gesamten Dharma bilden. Um eine lautere Einhaltung der Sittlichkeit bei sich zu gewährleisten, sind die Fähigkeiten der Selbstprüfung und angemessenen Achtsamkeit erforderlich. Für Laien ist die Wahrung reiner Sittlichkeit – das Unterlassen der zehn negativen Handlungen – das Fundament der Übung des zur Erleuchtung führenden Pfades. Wenn wir handgreifliche Erfordernisse, wie die Wahrung der Sittlichkeit, nicht in Betracht ziehen, sondern uns statt dessen nach anspruchsvolleren Übungen umsehen, wird unsere Praxis bloß eine Farce und nicht wirklich ganz ernst gemeint sein. Mit der Übung dieser drei Schulungen sollten wir auf das Erreichen der Befreiung hinarbeiten, nicht nur unserer Befreiung allein, sondern auch der anderer empfindender Wesen.

Es heißt, die menschliche Existenz sei die geeignetste Daseinsform für die Übung des Dharma und den Versuch, diesem Kreislauf ein Ende zu setzen. Bei den Menschen ist das Leben der zum Laienstand Gehörenden von allen möglichen Unannehmlichkeiten und Problemen erfüllt, und sie sind in größerem Maße mit weltlichen Aktivitäten befaßt, die der Übung des Dharma nicht sehr zuträglich sind. Es heißt, ein Leben als Mönch oder Nonne sei der Übung des Dharma, dem Bestreben, diesem Existenzkreislauf ein Ende zu setzen, weitaus zuträglicher. Tsong-kha-pa sagt, daß das Nachdenken über die Mängel und Beeinträchtigungen des Laienlebens und die Vorteile des Lebens von Mönch und Nonne die eigene Festlegung auf ein Ordensleben verstärkt, sofern man bereits Mönch oder Nonne ist. Wenn jemand sich noch nicht für eine derartige Lebensweise entschieden hat, hinterläßt ein solches Nachdenken eine sehr starke karmische Prägung in seinem Geist, so daß er später die Chance haben wird, ein derartiges Leben zu führen.

Wenn man im Laienleben zu wohlhabend ist, wird das Leben mit Problemen und Sorgen in bezug auf die Sicherung des Reichtums erfüllt sein; wenn man arm ist, wird das Leben nur von der Suche nach materiellem Auskommen in Anspruch genommen sein. Viele materielle Besitztümer zu haben und nicht zufrieden zu sein ist keine Lebensweise für einen Mönch oder eine Nonne. Mönche und Nonnen sollten sich nicht mit Geschäften abgeben, es sei denn, sie haben sich irgendwie verschuldet. Geschäfte zu machen und sich zu sehr mit dem Geldverdienen zu befassen, obwohl man genügend Reserven hat, sollte tunlichst vermieden werden. Wenn man nicht der mönchischen Lebensweise gemäß, also in Bescheidenheit und Zufriedenheit, lebt, besteht kaum irgendein Unterschied zwischen den zum Laienstand Gehörenden und Mönchen und Nonnen, abgesehen von der bloßen Äußerlichkeit unterschiedlicher Bekleidung.

Es gab da einen Mönch aus dem Kloster Ganden, der ein sehr ernsthafter Meditierender war. Er hatte ein Gelöbnis abgelegt, niemals unter einem Dach zu leben, und hatte dies viele Jahre lang befolgt. Eines Tages, so erzählte er mir, meditierte er gerade, als eine große Schlange vor ihm über den Boden kroch und ihn unverwandt anstarrte. Er erwiderte den Blick der Schlange und sprach einige religiöse Worte. Ich fand das ziemlich merkwürdig, weil es den Eindruck erweckte, als ob der Meditierende der Schlange Lehren erteilte. Er erzählte mir, daß die Schlange ihn lange ansah und sich dann lammfromm entfernte.

Die Bedeutsamkeit sittlicher Disziplin wurde vom Buddha selbst hervorgehoben. Als er im Sterben lag, wurde er gefragt, wer denn sein Nachfolger werden würde, und er sagte, daß die Übung ethischen Verhaltens die Richtschnur und der Meister der gesamten buddhistischen Lehre sein sollte. Er ernannte die sittliche Disziplin zu seinem Nachfolger.

Um die große Anzahl von Verblendungen zu überwinden, ist es wichtig, den eigenen Geist zu zügeln, und dabei sollte man sich jeweils auf diejenige Empfindung, die intensiver und reichlicher vorhanden ist, konzentrieren. Zum Beispiel haben manche Menschen einen starken Hang zu sinnlichen Genüssen, manche sind sehr aufbrausend, manche sind sehr ignorant und träge. Du solltest deine eigene Mentalität zügeln und versuchen, jeweils diejenige Empfindung zu überwinden, die in deinem Geist am augenfälligsten und dominierendsten ist. Wie bereits früher erläutert, solltest du dir wirklich Mühe geben, dafür zu sorgen, daß keines deiner Gelübde gebrochen wird. Wenn du jedoch entdeckst, daß einige Gelübde verletzt worden sind, solltest du es nicht dabei belassen, sondern vielmehr die notwendigen Verfahren anwenden und die Reinheit der Gelübde unverzüglich wiederherstellen. Die Läuterung des Verstoßes sollte immer von dem zutiefst aufrichtigen Vorsatz begleitet sein, ihn nicht zu wiederholen; die Vorstellung zu haben, »daß es ganz egal ist, was ich tue, weil ich ja auch dann, wenn ich gegen die Gelübde verstoße, sie wiederherstellen kann«, ist wirklich sehr gefährlich – als würde man absichtlich Gift einnehmen und sich dabei denken, daß man ja geheilt werden kann.

Nachdem du die Bedeutsamkeit ethischen Verhaltens erkannt und darüber nachgedacht hast, wie befriedend es sein würde, wenn du frei von diesen Verblendungen sein könntest, solltest du, wie bereits erläutert, als erstes die Verblendungen einzeln identifizieren. Denke, nachdem du sie identifiziert hast, über ihre zerstörerische Natur nach, und gehe dann mit Achtsamkeit und der Kraft der Selbstprüfung vor. Diejenigen Verblendungen, die intensiver und augenfälliger sind, sollten unverzüglich abgewehrt werden, gerade so, wie wenn man auf alles, was heraussteht, mit dem Hammer einschlüge. Wenn du sie einfach in ihrem Zustand beläßt, werden sie dir selbst und anderen wirklich schaden.

Verblendung kann dem Anschein nach äußerst zwingend sein, aber sie ist nicht dermaßen mächtig, wenn du sie sorgfältig analysierst. Ich fragte einmal einen meiner Lamas, ob die Verblendungen denn wahrhaftig schwach seien, wo sie doch zuweilen so stark zu sein scheinen. Er antwortete, die Verblendungen seien schwach, weil man keine Atomwaffen brauche, um sie zu vernichten. Allmählich begriff ich, was er meinte. Alles, was uns fehlt, um die Verblendungen erfolgreich zu bekämpfen, ist die nötige Willenskraft und Anstrengung. Der Sieg über unsere Feinde, die Verblendungen, ist weitgehend eine Sache der richtigen Grundhaltung. Unser Geisteszustand ist derart entscheidend, daß der indische Meister Atisha jedesmal, wenn er mit jemandem zusammentraf, als erstes fragte: »Ist dein Herz heute gütig gestimmt?« Ein einmaliger Sieg über gewöhnliche Feinde ist keine Garantie dafür, daß sie sich nicht neu formieren und abermals angreifen. Aber wenn die Verblendungen einmal beseitigt sind, ist es ausgeschlossen, daß sie wieder aufleben.

Welche Verwirklichung du auch immer aus deiner Übung des Dharma erzielst, sie sollte auf der Basis beurteilt und bewertet werden, ob dein Ernstnehmen des Karmagesetzes sich gesteigert hat, ob infolgedessen deine Übung ethischen Verhaltens rein geworden ist und ob sich in dir die Macht von Verblendungen, wie etwa Unwissenheit, Haß und Begierde, verringert hat. Wenn du bemerkst, daß du es infolge deiner Praxis geschafft hast, deine Geistesverfassung zu ändern und einige der gröbsten Manifestationen der Verblendungen, wie etwa Wut, Haß, Unwissenheit und Begierde, zu überwinden, dann ist das wirklich eine große Leistung. Wie Shantideva sagt: Gewöhnliche Helden, die ihre Feinde töten, sind keine wirklichen Helden, weil die Menschen, die sie töten, ohnehin früher oder später gestorben wären; eigentlich töten sie Leichen. Aber jemand, der die Verblendungen bekämpft und imstande ist, diesen Feind zu töten, ist ein Held im wahrsten Sinne des Wortes.

Kapitel 9

Das Bodhisattva-Ideal

Mit dem Erreichen der Befreiung
aus dem Existenzkreislauf
darf man sich nicht zufriedengeben.

Auch vom Standpunkt deiner eigenen Zielsetzungen aus betrachtet, ist es der Allwissenheits-Zustand der Buddhaschaft, in dem sich die Erfüllung deines eigenen Wohls vollendet. Nachdem man den Wunsch entwickelt hat, Befreiung zu erlangen, und die Übung der drei Schulungen auf sich genommen hat, ist es für verständige Übende besser, sich nicht vordringlich mit der Erlangung der eigenen Befreiung zu befassen, sondern vielmehr gleich von Anfang an über das altruistische Streben nach Buddhaschaft, Bodhichitta genannt, zu meditieren und das Mahayana, das Große Fahrzeug, zu besteigen.

Wenn man Menschen sieht, die unter dem ständigen Bann von Verblendungen stehen und Leid erdulden, und dennoch nicht für ihr Wohl arbeitet, ist das wirklich sehr kaltherzig und enttäuschend. Man sollte sich nicht damit zufriedengeben, ausschließlich für das eigene Wohl zu arbeiten. Man sollte in umfassenderen Kategorien denken und versuchen, für das Wohl vieler Menschen zu arbeiten. Eben darin unterscheiden sich Menschen von Tieren, denn dem Drang, für das eigene Wohl und das der eigenen

Angehörigen zu arbeiten, unterliegen ja auch die Tiere. Der einzigartige Grundzug der Menschen besteht darin, daß sie für das Wohl anderer arbeiten und nicht ausschließlich mit ihrem eigenen Wohlergehen beschäftigt sind. Das macht die Schönheit und Besonderheit eines Menschen aus.

Menschen wie der amerikanische Präsident Lincoln und der indische Führer Mahatma Gandhi gelten als wahrhaft große Männer, weil sie nicht ausschließlich an sich selbst dachten, sondern für das Wohl des Volkes arbeiteten. Sie dachten an die gesamte menschliche Gemeinschaft, und sie rangen und kämpften um die Rechte der Armen. Nehmen wir zum Beispiel Mahatma Gandhi: Nachdem er die Unabhängigkeit Indiens erreicht hatte, blieb er einfach ein gewöhnlicher Bürger und übernahm nie ein Amt, etwa das des Premierministers. Das ist das Kennzeichen eines herausragenden Individuums. Mao setzte sich zunächst sehr intensiv für die Rechte der Massen ein, aber nachdem er Macht gewonnen hatte, wurde er selbst ein Mitglied ebenjener Klasse, die er bekämpft hatte. Er erlag der Macht und wurde äußerst totalitär; selbst den geringsten Widerspruch legte er als große persönliche Beleidigung aus. Einst wurde Mao gerühmt, aber nun, da allgemeine Ernüchterung eingetreten ist, werden immer mehr wahre Fakten aufgedeckt.

Wenn die Sonne scheint, scheint sie ohne jede Unterscheidung; sie bescheint jeden Punkt der Gegend, jeden einzelnen Winkel. Genau so sollten wir sein. Wir, die wir das Mahayana üben, sollten uns nicht mit unserem eigenen Wohl beschäftigen, sondern wir sollten mit konzentrierter Entschlossenheit eine beherzte altruistische Einstellung entwickeln, indem wir uns selbst die Verantwortung aufladen, für alle empfindenden Wesen zu arbeiten.

Bodhichitta (Erleuchtungsgeist) ist der von Mitgefühl getragene Wunsch, um anderer Wesen willen die Buddhaschaft zu erlangen; das ist der Einstieg zum Mahayana-Pfad. Sobald du Bodhichitta entwickelst, gehörst du zum Mahayana, auch wenn du möglicherweise auf dem Pfade keine weiteren Fortschritte machst; aber in dem Augenblick, in dem dein Bodhichitta entartet, fällst du vom Mahayana ab, auch wenn du dich möglicherweise auf einer sehr hohen Verwirklichungsstufe befindest. Shantideva sagt, daß du in dem Augenblick, in dem du Bodhichitta entwickelst, ein Bodhisattva, ein Kind der Buddhas, genannt werden wirst, auch wenn du möglicherweise in einem niederen Existenzbereich lebst.

Infolge von Bodhichitta wirst du imstande sein, Negatives mühelos zu läutern und deine Ziele zu realisieren. Du wirst gegen Übergriffe und Schaden gefeit sein, denn wenn du dieses Vermögen des Bodhichitta hast, hältst du andere Menschen für wichtiger und wertvoller als dein eigenes Leben. Sobald böswillige Charaktere dies erkennen, haben sie Bedenken, dir Schaden zuzufügen. Wenn du infolge von Bodhichitta imstande bist, Negatives zu läutern und große Vorräte von Verdienst anzusammeln, wirst du günstige Umstände antreffen, die erforderlich sind, um auf dem Pfad rasch vorwärtszukommen. Bodhichitta und Mitgefühl sind die wahre Quelle und Grundlage alles Guten innerhalb dieser Welt und des Nirwana. Du solltest Bodhichitta als Kernstück deiner Praxis betrachten und es nicht auf einer rein verstandesmäßigen Ebene belassen; du solltest mit deiner Übung des Bodhichitta nicht zufrieden sein, wenn sie lediglich aus dem Aufsagen von ein paar Versen am Anfang einer Meditationssitzung besteht. Du solltest versuchen, es durch konkrete Erfahrung hervorzurufen.

Tsong-kha-pa sagt: Wenn du ein unverfälschtes Streben

nach Erleuchtung hast, dann wird jeder Akt der Güte, selbst etwas Geringfügiges, etwa wenn du einer Krähe Körner gibst, zu einer Bodhisattva-Tat. Wenn dir jedoch dieser motivierende Faktor fehlt, dann magst du zwar anderen empfindenden Wesen ein ganzes Universum voller Juwelen zum Opfer bringen, und trotzdem wird es nicht die Tat eines Bodhisattvas sein. Wenn deine Übung des Bodhichitta nicht erfolgreich ist, dann wird die Übung des Dharma, ganz gleich, wie lange du sie auszuführen versuchst, sich sehr schwerfällig und mühselig gestalten, so als ob man Gras mit einem stumpfen Werkzeug mäht. Aber sofern es bei dir zu einer vollkommenen und erfolgreichen Realisierung von Bodhichitta kommt, selbst wenn es einige Zeit dauern kann, dies zu deinem grundlegenden Motiv zu machen, werden all deine Übungen äußerst wirkungsvoll sein.

Wenn du dein Mitgefühl nicht wiederholt verstärkst, indem du es verfeinerst und vertiefst, besteht die große Gefahr, daß du angesichts der unzähligen empfindenden Wesen den Mut verlierst und deprimiert wirst. Es gibt sehr viele feindselige empfindende Wesen, die, statt deine Güte zu erwidern, versuchen werden, dir zu schaden. Daher solltest du dich nicht mit einer einzigen Erfahrung des Mitgefühls begnügen, sondern wirklich daran arbeiten, sie zu erweitern und zu intensivieren, bis dein Mitgefühl tief verwurzelt ist. Tritt dies ein, wirst du dich nicht sonderlich um Unannehmlichkeiten kümmern, und infolgedessen wirst du nie durch die jeweiligen Begleitumstände deprimiert werden, wenn du für das Wohl anderer arbeitest. Aufgrund ebendieser Kraft des Mitgefühls verharren die Buddhas unbeirrbar bei ihrer Arbeit für das Wohl anderer empfindender Wesen.

Der Buddha sagte, daß Bodhisattvas sich eigentlich nicht mit vielen Aspekten des Pfades zu befassen brauchen; sie brauchen nicht vielerlei auszuüben. Allein mit Hilfe einer einzigen Übung nämlich wird man die Buddhaschaft in Händen halten. Diese eine Übung ist das große Mitgefühl, genauer: das Verlangen, erleuchtet zu werden, um alle übrigen empfindenden Wesen zu befreien. Um dieses Streben nach Erleuchtung hervorzurufen, reicht es nicht aus, tiefes Mitgefühl und Liebe zu verspüren, verbunden mit dem Wunsch, daß die empfindenden Wesen frei von Leid sein mögen. Was außerdem erforderlich ist, ist das Gefühl, die persönliche Verantwortung dafür tragen und alles dafür zu tun, daß sie von ihren Leiden befreit und zu ihrem Glück geführt werden.

Wenn wir über das Leid empfindender Wesen nachdenken, sind wir vielleicht imstande, den Wunsch zu entwickeln, daß sie von solchem Leid frei sein mögen. Um ein warmes und gütiges Herz herauszubilden, das energisch, gefestigt und ruhig ist, kommt es vor allen Dingen darauf an, eine liebevolle Einstellung gegenüber empfindenden Wesen zu haben und diese für wertvoll und liebenswert zu halten. Je mehr Zuneigung man anderen empfindenden Wesen entgegenbringt und je mehr man sie wertschätzt, desto besser wird man imstande sein, ein echtes Mitgefühl für sie zu entwickeln. Wenn wir unseren natürlichen Reaktionen freien Lauf lassen, dann finden wir es normalerweise unerträglich, unsere Angehörigen und Freunde leiden zu sehen. Wir tendieren dazu, uns über das Mißgeschick und Scheitern unserer Feinde zu freuen und gegenüber Menschen, die wir nicht kennen, gleichgültig zu bleiben. Unsere Empfindungen schwanken im Hinblick auf diese verschiedenen Menschen. Je mehr wir jemanden als uns nahestehend und teuer erachten, desto stärker ist unser Gefühl, es nicht ertragen zu können, wenn diese Person leidet.

Stell dir, um deine Gefühle auszugleichen, vor, es stünden

dir drei Menschen gegenüber: ein sehr naher Freund, ein Feind und eine neutrale Person. Laß nun, nachdem du dir diese drei Menschen vorgestellt hast, deinen Geist spontan reagieren. Du wirst feststellen, daß dein Geist unausgeglichen reagiert. Du fühlst dich unwillkürlich zu dem Freund hingezogen und von dem Feind zurückgestoßen, und gegenüber der dritten Person verhältst du dich völlig gleichgültig. Untersuche sodann, weshalb du auf solche Weise reagierst. Freunde mögen wohl heute Freunde sein, aber möglicherweise sind sie in der Vergangenheit unsere Feinde gewesen, und sie könnten in der Zukunft unsere Feinde sein. Jene, die wir heute Feinde nennen, sind möglicherweise in der Vergangenheit unsere besten Freunde oder Angehörige gewesen und könnten sich auch in der Zukunft als ebensolche entpuppen. Was für einen Sinn hat es, derartige Unterschiede zu machen? Freunde sind diejenigen, denen wir wünschen, daß sie Glück haben und sich des Lebens freuen. Wir wünschen ihnen Glück und Erfolg, weil sie unsere Angehörigen und Freunde sind und immer gut zu uns waren. Aber in Zukunft könnten sie sich als unsere Feinde entpuppen, und noch in diesem Leben könnten sie sich gegen uns wenden.

Ähnlich sieht es aus, wenn wir auf unsere Feinde reagieren; wir tendieren dann dazu, auf äußerst negative Weise zu reagieren: Instinktiv, im Innersten, wünschen wir ihnen, daß sie Unglück, Not und Mißerfolg erleben. Wir reagieren so, weil wir meinen, daß sie uns schaden. Aber selbst wenn sie zum gegenwärtigen Zeitpunkt möglicherweise tatsächlich schädlich sind, könnten sie sich in der Zukunft als unsere Freunde entpuppen. Es gibt keine Gewißheit, keinen absolut verläßlichen oder dauerhaften Freund oder Feind. Ebenso steht es mit der neutralen Person: Zwar ist sie an uns völlig uninteressiert, und wir sind wiederum ihr gegenüber gleichgültig, aber in der Vergangenheit ist diese Person möglicherweise entweder unser Freund oder unser Feind gewesen.

Wenn du deinen Geist auf diese Weise schulst, wirst du allmählich alle Menschen in demselben Licht sehen, und nach und nach wird sich eine derart drastische Unterscheidung zwischen den drei Menschentypen immer mehr abbauen. Du solltest diese Übung so ausdehnen, daß sie jeden mit einbegreift und schließlich alle empfindenden Wesen umfaßt. Auf ebendiese Art entwickelst du Gleichmut. Damit ist freilich nicht gesagt, daß wir faktisch keine Freunde und Feinde hätten. Hier geht es uns darum, unsere drastischen, unausgewogenen Reaktionen auf andere ins Gleichgewicht zu bringen. Dieser Gleichmut ist sehr wichtig; er ist wie das Ebnen des Bodens, das dessen Kultivierung vorausgehen muß. Gleichmut ist zwar an sich keine große Verwirklichung; aber wenn du dieses Fundament hast, verlaufen weitere Übungen sehr erfolgreich.

Hat man einmal den Gleichmut entwickelt, dann wird die erste der auf dem Prinzip von Ursache und Wirkung basierenden Regeln für die Schaffung des Strebens nach Erleuchtung verbindlich: das Anerkennen, daß alle empfindenden Wesen in einem vergangenen Leben unsere Mutter waren. Dies folgt daraus, daß der Existenzkreislauf keinen Anfang hat. Da das Leben im Wiedergeburtskreislauf anfangslos ist, ist auch unser eigenes Leben anfangslos. Leben und Tod folgen ununterbrochen aufeinander. Jedesmal wenn wir einen Körper annehmen, brauchen wir dazu eine Mutter. Weil der Existenzkreislauf keinen Anfang hat, gibt es kein empfindendes Wesen, auf das wir deuten und sagen könnten: »Dieses Individuum war in der Vergangenheit nicht meine Mutter.« Sie waren nicht nur unsere Mütter in der Vergangenheit, sondern sie werden auch unsere Mütter in der Zukunft sein. Wenn du imstande bist, ein tiefes Überzeugtsein von dieser Tatsache zu entwickeln, wird es dir ganz leicht fallen, dich an ihre große Güte zu erinnern und darüber nachzudenken und anschließend den Wunsch zu entwickeln, ihnen ihre Güte zu vergelten.

Es wird zwar üblicherweise empfohlen, alle empfindenden Wesen als die eigene Mutter anzusehen, aber du solltest diese Meditation im Rahmen deiner persönlichen Erfahrung durchführen. Zum Beispiel fühlen sich manche Menschen mehr ihrem Vater verbunden. Die Person, der du dich am engsten verbunden fühlst und die du für die gütigste hältst, solltest du dir zum Modell machen. Es gibt kein einziges empfindendes Wesen, das in der Vergangenheit nicht entweder unsere Mutter oder unser Vater oder Angehöriger war. Die Tatsache, daß wir uns nicht an sie erinnern oder sie nicht wiedererkennen, bedeutet nicht, daß sie nicht unsere Mütter waren. Es kommt zum Beispiel auch innerhalb dieses Lebens vor, daß Eltern und Kinder voneinander getrennt werden, wenn die Kinder noch sehr klein sind. Später sind dann diese Kinder nicht in der Lage, ihre Eltern wiederzuerkennen.

Die nächste Regel gebietet, über die Güte aller empfindenden Wesen nachzudenken. Es heißt, diese Meditation sei am erfolgreichsten, wenn man, nachdem man alle anderen empfindenden Wesen als seine Mutter anerkannt hat, sich auf die Güte dieser Wesen besinnt, indem man die eigene, leibliche Mutter als Beispiel nimmt. Vergegenwärtige dir deine Mutter, wie sie vor dir steht, und reflektiere darüber, daß sie nicht nur in diesem Leben deine Mutter ist, sondern es auch unzählige Male in der Vergangenheit war. Dann denke daran, wie lieb sie zu dir gewesen ist, wie sie dich vor Gefahr beschützt und dir geholfen hat, wie sie dich in diesem Leben zuerst empfing und schon während der Schwangerschaft sorgsam auf dich achtete. Ohne irgendwelche Bedenken kümmerte sie sich um dich. Um deinetwillen war sie bereit, all ihre Habe zu veräußern, und sie war bereit, unsaubere und unfromme Mittel anzuwenden, um zu bekommen, was du brauchtest, ohne sich um die Nöte zu scheren, die ihr daraus erwuchsen. Die Festlegung auf ihr Kind und ihre Liebe zu ihm waren so mächtig, daß sie es vorzog, lieber selbst krank zu werden, als ihr Kind einer Erkrankung ausgesetzt zu sehen. Du solltest dich beim Meditieren innerlich ganz auf ihre große Güte ausrichten.

Sobald du durch diese Art der Besinnung zutiefst von dem Gefühl durchdrungen bist, deiner Mutter wegen ihrer großen Güte Dank zu schulden, solltest du dasselbe meditative Verfahren auf andere Menschen anwenden, die gütig zu dir waren oder sind, etwa auf deine Freunde und Angehörigen. Schließlich kannst du es so weit ausdehnen, daß es neutrale Personen mit einbegreift. Wenn du fähig bist, ebendiese Art von Gefühl für neutrale Personen zu entwickeln, dann wende es gleichermaßen deinem eigenen Feind zu. Beziehe nach und nach alle übrigen empfindenden Wesen in die Sphäre deines Erkennens von Güte ein.

Als nächstes folgt die Meditation darüber, wie man ihnen ihre Güte vergilt. Du solltest begreifen, daß wir einzig und allein aufgrund unserer sich fortwährend wandelnden Leben nicht zu erkennen imstande sind, daß alle empfindenden Wesen einmal unsere gütigen Mütter, Eltern und Angehörigen waren. Jetzt sind sie schutzlos und finden keinerlei Zuflucht. Wenn wir ihr Leiden und ihre Hilflosigkeit sehen und dann noch immer ausschließlich für unser eigenes Wohl und unsere persönliche Befreiung arbeiten, sind wir ihnen gegenüber nicht nur kaltherzig, sondern auch äußerst undankbar. Du solltest ein tiefes Gefühl innerer Verpflichtung entwickeln, daß du sie niemals im Stich lassen, sondern ihnen vielmehr ihre Güte vergelten wirst. Schon aus weltlicher Sicht wird eine Person, die sich für die Güte anderer nicht erkenntlich zeigt, sondern gegen diese handelt, für sehr schlecht und undankbar gehalten. Wie könnte da ein Anhänger des Mahayana das Wohlergehen anderer empfindender Wesen völlig mißachten und nicht darauf bedacht sein, ihnen ihre Güte zu vergelten?

Stell dir deine Mutter vor: wie sie innerlich labil, blind und ohne jeden Führer auf den Rand eines steilen Abhangs zugeht. Sie ruft nach ihrem eigenen Kind in der Nähe, ihrer einzigen Zuflucht, auf das sie ihre Hoffnungen setzt. Wenn ihr das eigene Kind nicht hilft, wer dann? Wir sollten über den Gedanken nachsinnen, daß empfindende Wesen seit dem Anfang der Zeit innerlich labil sind, weil sie Sklaven der Verblendung sind, es ihnen am Blick der Weisheit mangelt, um den Pfad zu gewahren, der zum Nirwana und zur Erleuchtung führt, und ihnen die notwendige Führung eines spirituellen Meisters fehlt. Augenblick um Augenblick geben sie sich negativen Handlungen hin, die schließlich ihren Sturz bewirken werden. Wenn diese Mütter nicht von ihren Kindern Hilfe erbitten können, auf wen können sie dann ihre Hoffnung setzen? Von einem Gefühl der Verantwortung getragen, solltest du die große Güte der Mutter vergelten.

Als nächstes folgt die Meditation über die Liebe. Nach der buddhistischen Definition ist die Liebe der Wunsch, daß alle empfindenden Wesen sich des Glücks erfreuen und nie vom Glück getrennt sein mögen. Es heißt, schon das einen Augenblick dauernde Meditieren über die Liebe übersteige bei weitem die Verdienste, die man dadurch ansammelt, daß man unzähligen Buddhas unzählige Opfer darbringt. Eben mit der Kraft der Meditation über die Liebe besiegte der Buddha die Heerscharen von Dämonen, die ihn von seinem Ziel abzubringen versuchten. Die Meditation über die Liebe ist der höchste Schutz. Strenggenommen gliedert sich die Meditation über die Liebe in mehrere Schritte. Als erstes solltest du die Liebe herausbilden, die sich deinen eigenen Freunden und Angehörigen zuwendet, dann solltest du diese Aufmerksamkeit auf neutrale Personen verlagern, dann ebenso auf deine Feinde. Beziehe dann nach und nach alle anderen empfindenden Wesen, denen du begegnest, ein.

Als nächstes folgt die Meditation über das Mitgefühl. Es gibt zwei Arten von Mitgefühl; das eine ist einfach der Wunsch, daß empfindende Wesen frei von Leid sein mögen, und das andere äußert sich kraftvoller: »Ich werde die Verantwortung dafür übernehmen, empfindende Wesen von Leid zu befreien.« Zuerst solltest du über deine eigenen Eltern, Freunde und Angehörigen meditieren und dann diese Aufmerksamkeit auf neutrale Personen und schließlich auf deine Feinde verlagern, so daß am Ende alle empfindenden Wesen, denen du begegnest, ein Bestandteil deiner Meditation sein werden.

Dies ist von großer Bedeutung, denn sobald du imstande bist, deine Meditation auf alle empfindenden Wesen auszudehnen, werden dein Mitgefühl und deine Liebe so vorherrschend werden, daß in dem Moment, in dem du dich fremdem Leid gegenübersiehst, spontan das Mitgefühl erwachen wird. Wenn du hingegen versuchst, über das Mitgefühl für alle empfindenden Wesen und über die Liebe zu ihnen zu meditieren, indem du über »alle empfindenden Wesen« nachdenkst, ohne sie mit konkreten Individuen zu identifizieren, wird deine Vorstellung von »allen empfindenden Wesen« sehr vage bleiben, und dein Mitgefühl wird nicht besonders stark und sicher sein. Sobald du mit bestimmten Individuen zusammentriffst, werden dir Zweifel kommen, ob du ihnen wirklich wünschst, sich des Glücks zu erfreuen. Wenn du andererseits das Mitgefühl in einem allmählichen Prozeß entwickelst, also zuallererst dir persönlich bekannte Menschengruppen aussuchst und dir ganz besondere Mühe gibst, jene Art Liebe und Mitgefühl herauszubilden, die sich auf deinen Feind, das schwierigste Objekt, richten, dann wird es dir nachgerade sehr leicht fallen, Liebe und Mitgefühl gegenüber anderen zu empfinden, und dein Mitgefühl wird fähig sein, allen mißlichen Gegebenheiten standzuhalten, auf die du möglicherweise stößt.

In der eigentlichen Meditation solltest du darüber nachsinnen, wie empfindende Wesen, also auch du selber, im Existenzzyklus kreisen, geplagt von allen möglichen Leiden. Damit das Entfalten von Liebe und Mitgefühl gelingt, ist es sehr wichtig, die Fehler und Mängel des Existenzzyklus zu verstehen und zu durchschauen. Wenn du imstande bist, dies aufgrund und anhand deiner eigenen Beobachtungen zu tun, dann kannst du aus Erfahrung dein Verständnis auf andere empfindende Wesen ausdehnen. Wenn du hingegen selbst keine Entsagung und kein Gefühl der Abneigung gegen das gesamte Spektrum von Erfahrungen innerhalb dieses Existenzkreislaufs herausgebildet hast, kannst du keinesfalls Mitgefühl entwickeln. Entsagung, bewußter Verzicht, ist für die Herausbildung von Mitgefühl unerläßlich. Mitgefühl und Entsagung unterscheiden sich nur hinsichtlich ihres Objekts: Entsagung konzentriert sich auf einen selber; ihr zentrales Motiv ist der Wunsch, daß man von Leid befreit werden möge. Mitgefühl richtet sich auf andere empfindende Wesen; sein zentrales Motiv ist der Wunsch, daß alle Wesen von Leid befreit werden mögen.

Es ist sehr wichtig, die mannigfaltigen Leidensarten zu erforschen und zu verstehen. Nachdem man sich durch das Lesen vieler Texte und ausgiebiges Reflektieren ein umfangreiches Wissen angeeignet hat, sollte man über die Fehler und Mängel des Kreislaufs von Leben und Tod nachdenken und darüber, wie empfindende Wesen in diesem Existenzzyklus durch diese Kettenreaktion wirbeln. Zum Beispiel werden in naturwissenschaftlichen Laboratorien Versuchstiere mit allen möglichen Apparaturen gefoltert. Um zu begreifen, wie das Gehirn funktioniert, müssen Wissenschaftler Versuche an Tieren durchführen. Es ist ein sehr merkwürdiger Sachverhalt, denn ihr primäres Ziel ist, das Leben der Menschen verlängern zu helfen. In gewisser Hinsicht ist das ein nobles Ziel, aber es ist auch schwer zu rechtfertigen. Selbst wenn sie möglicherweise Beruhigungsmittel einsetzen, führen Wissenschaftler diese Versuche durch, ohne das geringste Mitgefühl oder Erbarmen für die Tiere aufzubringen. Im Westen gibt es Verbände, die gegen eine solche Behandlung von Tieren Einspruch erheben, und zwar nicht aus einer religiösen Anwandlung heraus, sondern aufgrund ihrer mitfühlenden Einstellung zu Tieren. Ich unterstütze dieses Bestreben.

Anfangs könnte es sich als ziemlich schwierig erweisen, irgendeine innere Erfahrung des Mitgefühls für alle Wesen hervorzurufen, aber wenn man erst einmal anfängt, sie zu entwickeln, wird sie echt, stark und unerschütterlich werden, weil sie auf einem festen Fundament von Kenntnis und Einsicht basiert. Wenn man eine gewisse innere Erfahrung von Mitgefühl hat, ist es wirklich wichtig zu versuchen, sie zu stabilisieren, indem man sie mit Begründungen und umfassendem Verstehen untermauert. Sich lediglich auf so etwas wie reine Intuition zu verlassen ist nicht besonders sicher, weil die Gefahr besteht, daß diese Art von Erfahrung später spurlos verschwinden wird. Das trifft nicht nur auf die Meditation über Mitgefühl und Liebe, sondern ebenso auf alle anderen Übungen zu.

Infolge deiner andauernden Meditation und Kontemplation wird dein Durchdrungensein von Mitgefühl gegenüber anderen empfindenden Wesen so stark werden wie die Liebe einer Mutter zu ihrem einzigen Kind, wenn sie dieses an einer Krankheit leiden sieht. Das Leiden des Kindes würde ihr Kummer und Schmerz bereiten, und Tag und Nacht hätte sie den natürlichen Wunsch, daß ihr Sohn oder ihre Tochter wieder gesund werden möge. Wenn die eigene Einstellung zu anderen empfindenden Wesen so beschaffen ist, daß man gegenüber ihnen allen ohne Voreingenommenheit – ohne Rücksicht darauf, ob sie einem jeweils nahestehen oder nicht – ein gleich starkes Mitgefühl entwikkeln kann, sobald man eines von ihnen leiden sieht, dann ist das ein untrügliches Zeichen dafür, daß man das Mitgefühl erlangt und entfaltet hat. Dies gilt ebenso für die Liebe. Eine derartige Liebe und ein derartiges Mitgefühl werden ganz natürlich, völlig mühelos, zu der höheren Einstellung führen, in der man sich selbst die Verantwortung auflädt, für das Wohl anderer empfindender Wesen zu arbeiten, was wiederum letztendlich zur Verwirklichung des Strebens nach Erleuchtung führt.

Beim Meditieren über das Vergelten der Güte hast du über die große Güte der als Mutter vorgestellten empfindenden Wesen und über die Notwendigkeit nachgedacht, für ihr Wohl zu arbeiten. Hier nun geht es in erster Linie darum, ein tiefempfundenes Gefühl der Verpflichtung herauszubilden, für ihr Wohl zu arbeiten, und die Aufgabe zu übernehmen, empfindende Wesen von ihrem Leid zu befreien und für ihr Glück zu sorgen. Wann immer sich im Verlauf deines tagtäglichen Lebens und deiner Aktivitäten die Gelegenheit bietet, dich in dieser Meditation zu üben, solltest du sie unverzüglich und entschlossen ergreifen. Nur dann darfst du dir Hoffnungen auf einen allmählichen Fortschritt in der Verwirklichung machen. Der indische Dichter Chandragomin (aus dem 6. Jahrhundert christlicher Zeitrechnung) sagte, daß es töricht ist, anzunehmen, der Geschmack einer sehr sauren Frucht ließe sich durch das bloße Hinzufügen von ein oder zwei Tropfen Zuckersirup ändern. Gleicherweise können wir nicht annehmen, der Geschmack des Geistes, der so sehr mit der sauren Würze der Verblendung verunreinigt ist, werde einfach mit Hilfe von ein oder zwei Meditationen augenblicklich in den süßen Geschmack des Bodhichitta und des Mitgefühls verwandelt werden. Anhaltende Bemühung und Stetigkeit sind wirklich sehr wichtig.

Im letzten Schritt, der eigentlichen Entfaltung von Bodhichitta, wenn der Geist danach strebt, um anderer willen Erleuchtung zu erlangen, sollte man sich nicht damit begnügen, bloß zu gewahren, wie bedeutsam die Erleuchtung zugunsten anderer ist. Dieses höchste altruistische Ziel läßt sich einzig und allein dadurch verwirklichen, daß man den allwissenden Zustand der Buddhaschaft erreicht, aus dem heraus man anderen am besten nutzen kann. Man sollte einen sehr tiefen, innigen Glauben an das erleuchtete Stadium entwickeln, und dieser wird zu einem echten Bestreben führen, es zu erlangen. Allgemein gesprochen, gibt es sehr viele Ursachen und Bedingungen für die Herausbildung von Bodhichitta, aber die dominierende Stellung unter ihnen allen nimmt das Mitgefühl ein.

Wir sollten uns klarmachen, daß der Zweck unseres Hineingeborenseins in diese Welt darin liegt, anderen zu helfen. Wenn wir das nicht können, sollten wir zumindest andere Lebewesen nicht verletzen. Selbst Menschen, die gegen

Religion sind, singen das Lob der altruistischen Einstellung. Obwohl die chinesischen Kommunisten aus ideologischen Gründen gegen Religion sind, reden sie von dem Wunsch, für die Wohlfahrt der Massen zu arbeiten. Wenn diese Menschen wahrhaftig eine altruistische Einstellung hätten, wären sie imstande, den Wunsch nach einem perfekten sozialistischen Staat zu verwirklichen. Wenn sie statt dessen weiterhin gewalttätige Methoden anwenden, um ein totalitäres System durchzusetzen, können sie keinesfalls das bewerkstelligen, was sie sich erhoffen.

Nationen haben unterschiedliche politische Systeme, aber in den meisten Gesellschaften ist die altruistische Einstellung – der Wunsch, für andere, für die Wohlfahrt der Mehrheit zu arbeiten – ein entscheidender Faktor. Die altruistische Einstellung ist die Wurzel des Glücks innerhalb der menschlichen Gemeinschaft. Alle Weltreligionen unterstützen, unabhängig von ihren jeweiligen philosophischen Grundlagen, die Herausbildung einer altruistischen Einstellung. Kurz, wenn man die altruistische Einstellung herausbildet, verhilft sie einem nicht nur zu innerem Frieden, sie verleiht einem auch eine friedliche Ausstrahlung. Das ist eine der direkt erkennbaren praxisbezogenen Folgen. Der Endzweck der Einübung einer altruistischen Einstellung liegt darin, den erleuchteten Zustand zu erreichen, um dadurch befähigt zu sein, für die gänzliche Erfüllung der Wünsche anderer Wesen zu arbeiten. Deshalb hat es der Buddha nicht dabei bewenden lassen, in Form eines schlichten Ratschlags auf die Bedeutsamkeit der Herausbildung von Bodhichitta hinzuweisen; er hat auch die Techniken und Mittel dargelegt, durch die wir ein solches altruistisches Bestreben entfalten können.

Sobald wir einmal auf dieser Welt wiedergeboren sind, solange wir Menschen sind, hängen wir in unserem Weiterleben von anderen Menschen ab. Wir können nicht unabhängig überleben. Das ist die Natur des Menschseins. Daher sollten wir unseren Mitmenschen helfen und sie sowohl von ihren physischen als auch von ihren geistigen Leiden befreien. Das ist die angemessene Art, mit unseren Mitmenschen umzugehen. Insekten wie Bienen und Ameisen haben kein Bildungssystem, aber in der Praxis – weil sie sich aufeinander verlassen müssen, um zu überleben – sind sie einander irgendwie behilflich, ganz abgesehen davon, ob sie eine starke Empfindung der Zuneigung und des Mitgefühls haben. Wenn Ameisen einen großen Brotbrocken ergattern, dann helfen sie einander, ihn zu tragen. Menschen hängen in ihrem Überleben von ihren Mitmenschen ab, und doch behandeln sie einander nicht wie Mitmenschen. Alle Menschen tendieren von Natur aus dazu, sich die Erfahrung von Glück zu wünschen und Leid zu vermeiden. Unter ebendiesem Aspekt ist es sehr wichtig, eine altruistische Haltung herauszubilden, anderen zu helfen.

Uns wurde dieses Leben als Menschen zuteil. Ob wir es sinnvoll gestalten oder nicht, hängt von unserer eigenen Geisteshaltung ab. Wenn wir eine unaufrichtige Haltung einnehmen, uns aber nach außen gütig und liebenswürdig geben, machen wir einen Fehler. Wenn wir die altruistische Einstellung haben und andere so behandeln, wie sie behandelt zu werden verdienen, dann ist uns unser eigenes Glück gewiß – als Nebenprodukt unserer Arbeit für das Glück anderer. Wenn wir Glück erfahren, sollten wir über die Tatsache hocherfreut sein, daß es die Auswirkung tugendhafter Handlungen ist, die wir in der Vergangenheit vollzogen haben. Gleichzeitig sollten wir diese Tugend dem Glück aller empfindenden Wesen widmen, in der Hoffnung, daß sie ebenso diese Art Glück erfahren mögen. Wenn wir Leid erdulden, sollten wir uns darüber klar werden, daß es die

Auswirkung nicht-tugendhafter Handlungen ist, die wir in der Vergangenheit verübt haben, und wir sollten den Wunsch entwickeln, daß durch unsere Erfahrung dieses Leidens alle Leiden, die andere empfindende Wesen in der Zukunft erdulden müssen, annulliert werden mögen.

Ob du nun Erleuchtung erlangst oder nicht: Gelobe, daß du, komme, was da wolle, für das Wohlergehen anderer empfindender Wesen arbeiten wirst. Nachdem du Unterweisungen über die Methode empfangen hast, wie man die egozentrische Einstellung bezwingt, kannst du ohne Bedauern sterben. Wenn ich meine meditative Praxis schildere, in dem Bestreben, dieses Sehnen nach Erleuchtung zu fördern, dann fühle ich mich sehr glücklich dabei. Mein Mund und meine Zunge haben ihren Zweck erfüllt. Hörer und Leser sollten über den großen Glücksfall hocherfreut sein, solch wunderbare Lehren kennenzulernen, deren Ausübung sowohl jetzt als auch in der Zukunft Vorteile gewährt.

Die Übung des Bodhichitta ist für denjenigen, der Erleuchtung erlangen will, unerläßlich. Alle Buddhas und Bodhisattvas der Vergangenheit haben diese hohe Ebene der Verwirklichung durch das Einüben dieser altruistischen Einstellung erreicht. Manche Ideologien verlieren im Lauf der Zeit ihre Bedeutung. Der Buddha lehrte, daß das Leben unser innigst geliebter Besitz ist und daß wir das Leben anderer für wichtiger und wertvoller halten sollten als unser eigenes. Diese Art Botschaft und Lehre bewahrt über alle Jahrhunderte hinweg ihre Bedeutung. In diesem modernen Zeitalter, in dem die akute Gefahr der Vernichtung der gesamten Welt droht, gewinnt die Botschaft des Buddha augenscheinlich immer mehr Relevanz.

Die zweite Methode zur Entwicklung des altruistischen Strebens nach Erleuchtung besteht im Ausgleichen und Vertauschen des Ich und der anderen. Den ersten Schritt in dieser Übung vollzieht man mit der Erkenntnis, welche Vorteile daraus resultieren, sich selbst gegen andere einzutauschen, und welche Nachteile es mit sich bringt, dies nicht zu tun. Alle guten Eigenschaften in diesem Universum sind das Produkt des liebevollen Sorgens für das Wohl von anderen, und alle Frustrationen und Verwirrungen und Leiden sind Produkte und Auswirkungen selbstsüchtiger Einstellungen. Aber ist es möglich, sich gegen andere einzutauschen? Unsere Erfahrung bestätigt, daß wir unsere Haltung gegenüber bestimmten Menschentypen, die wir früher widerwärtig und schrecklich fanden, ändern können; daß wir, wenn wir solchen Personen näherkommen und sie verstehen lernen, unsere Haltung ändern und wie ausgewechselt sein können. Das Ich mit anderen zu vertauschen heißt nicht, daß man sich selber körperlich in andere verwandelt, sondern vielmehr, daß man die Einstellung, die man zu sich selbst hat, auf andere überträgt. Das überaus liebevolle Besorgtsein, das man für sich selbst empfindet, sollte jetzt auf andere verlagert werden, so daß man ganz natürlich dazu tendiert, für das Wohlergehen anderer statt für das eigene zu arbeiten.

Es gibt zwei Haupthindernisse für das Entwickeln einer solchen Einstellung. Das erste ist die strikte Unterscheidung zwischen dem Ich und den anderen: Das Ich und die anderen werden als völlig unabhängige und gesonderte Größen betrachtet. In Wirklichkeit sind das Ich und die anderen relativ, wie »diese Seite des Berges« und »jene Seite des Berges«. Aus meiner Perspektive bin ich das Ich und du der andere, aber aus deiner Perspektive bist du das Ich und ich der andere. Wir sind auch von Natur aus gleichgültig gestimmt, weil wir das Gefühl haben, daß das Glück und das Leiden anderer uns nichts angehen; sie sind für uns ohne

Belang. Dann müssen wir uns daran erinnern, daß es bestimmte Menschentypen, wie etwa unsere Angehörigen, gibt, die wir sehr liebhaben. Deine Angehörigen sind zwar nicht du, doch das Glück und die Leiden, die sie erfahren, berühren dich durchaus. Auch behandeln wir unseren eigenen Körper, ungeachtet der Tatsache, daß er sich aus vielen Gliedern – Kopf, Händen, Beinen – zusammensetzt, so, als sei er, diese Anhäufung von Gliedern, sehr wertvoll. Auf dieselbe Art sollten wir das betrachten, was uns vereint, den gemeinsamen Grundzug, den alle empfindenden Wesen mit uns teilen, den natürlichen Wunsch, Glück zu erlangen und Leiden zu vermeiden.

Wir halten eine Person, die ihr Leben um anderer willen hingibt, für edel, aber wir meinen, daß es unklug ist, zehn Menschen zur Errettung eines einzigen zu opfern. Das hat nichts mit Religion zu tun; es ist einfach eine menschliche Reaktion. Daher ist es richtig und angemessen, die Rechte, Vorteile und Privilegien der wenigen um der vielen willen aufzugeben. Ebendies lehrt der Buddha – daß es richtig und angemessen ist, die Privilegien und Rechte eines Einzelwesens zum Wohle aller übrigen Wesen aufzugeben, die an Zahl so grenzenlos wie der Weltraum sind.

Sobald wir versuchen, den Austausch des Ich und der anderen zu üben, stoßen wir auf starken Widerstand von seiten unserer eigenen natürlichen Tendenz und ichbezogenen Einstellung. Es ist sehr wichtig, daß wir sie überwinden. Die Vorstellung, das Glück und die Leiden anderer seien für mich ohne Belang und demzufolge bräuchte ich auch nicht für deren Wohl zu arbeiten, ist ein zentrales Hindernis. Aber wir sollten darüber nachdenken, daß wir zwar jetzt nicht dieselbe Person sind, die wir heute in zwanzig Jahren sein werden, es aber unklug von uns wäre, uns um denjenigen, der wir einmal sein werden, keine Sorgen zu machen. Es wäre unklug, Dinge zu tun, die ihm später einmal Leid bereiten werden.

Wir sollten auch über folgendes nachdenken: Wenn du auf einen Dorn trittst und dich am Fuß verletzt, entfernt eine deiner Hände den Dorn, obgleich dieser Hand soeben kein Leid geschehen ist. Einzig und allein aus Vertrautheit und Gewöhnung klammern wir uns so entschlossen an unser eigenes Ich und halten alles, was mit uns zusammenhängt, für sehr wertvoll und für etwas, um das man sich liebevoll kümmern muß. Durch ständige Vertrautheit können wir eine ebenso entschlossene Einstellung entwickeln, mit der wir uns liebevoll um das Wohl anderer kümmern. Obwohl wir seit anfangsloser Zeit daran arbeiten, Glück zu erlangen und frei von Leid zu sein, hat unsere egozentrische Einstellung bewirkt, daß wir unglaubliche Pein erdulden müssen. Wenn wir irgendwann in der Vergangenheit imstande gewesen wären, diese Einstellung zu ändern und, statt uns liebevoll um uns selbst zu kümmern, uns liebevoll um das Wohl anderer gekümmert und für ihr Glück eingesetzt hätten, dann hätten wir mittlerweile die Seligkeit der Buddhaschaft erreicht.

Daher sollten wir die Entscheidung treffen: »Ab jetzt werde ich mich selbst, auch meinen Körper, für das Wohl anderer zur Verfügung stellen. Ab jetzt werde ich nicht für mein eigenes Glück, sondern vielmehr für das Glück anderer arbeiten. Ab jetzt sind andere gleichsam mein Herr; mein Körper wird gehorchen und Befehle von anderen befolgen statt von mir.« Indem du über die großen Nachteile und Gefahren der selbstsüchtigen Einstellung nachdenkst, solltest du eine feste Entschlossenheit entwickeln und zu der selbstsüchtigen Einstellung sagen: »Deine Herrschaft über meinen Geist gehört der Vergangenheit an. Ab jetzt werde ich deinen Befehlen nicht mehr gehorchen. Du hast mir durch deine trickreichen Schliche nur großen Schaden zugefügt. Tu ab jetzt nicht mehr so, als würdest du für mein eigenes Glück arbeiten, denn ich habe eingesehen, daß du der große Feind und die Quelle meiner ganzen Frustrationen und Leiden bist. Wenn ich mich nicht von dir lossage und nicht für das Wohl anderer arbeite, wirst du mich abermals in die Leiden einer ungünstigen Wiedergeburt stürzen.« Begreife, daß eine egozentrische Einstellung die Quelle allen Leidens ist und daß die Sorge um andere die Quelle allen Glücks und alles Guten ist.

Wenn man zehn gleich armen Bettlern begegnet, ist es falsch, einen Unterschied zwischen ihnen zu machen und zu der Überzeugung zu kommen, einige von ihnen seien verdienstvoller als die anderen. Hat man es mit zehn gleich kranken Personen zu tun, dann ist es sinnlos, zwischen ihnen unterscheiden zu wollen. Dementsprechend solltest du gegenüber all den anderen empfindenden Wesen, die entweder leiden oder die Anlage zum Leiden in sich tragen, eine jeweils gleichbleibende Haltung entwickeln. Diese empfindenden Wesen haben dir in der Vergangenheit unendliche Güte erwiesen. Von einem religiösen Standpunkt aus ist selbst der Feind gütig, weil er oder sie dir die Gelegenheit verschafft, Geduld zu entwickeln.

Wir alle haben dieselbe Natur, und wir alle erleiden dasselbe Los; es hat keinen Sinn, miteinander feindselig und unfreundlich umzugehen. Die Buddhas sehen nur die Verblendungen als zu beseitigende Fehler an; sie machen niemals einen Unterschied zwischen den einzelnen verblendeten Wesen, indem sie etwa den einen helfen und den anderen nicht helfen. Wenn einige Wesen wirklich böse wären, würden die Buddhas dies erkennen und solche Menschen fallenlassen. Weil sie, die die Wirklichkeit genau so sehen, wie sie ist, nicht auf diese Weise handeln, können wir folgern, daß das Böse ein vorübergehendes Gebrechen ist, das beseitigt werden kann. Es heißt, daß der Buddha, wenn er von zwei Menschen flankiert wäre, von denen der eine ihn mit einer Waffe schlägt und der andere ihn mit Öl massiert, nicht den einen dem anderen vorziehen würde.

Demgemäß existieren im strengsten Wortsinne weder Feinde noch Freunde. Das bedeutet nicht, daß es nicht Menschen gibt, die uns bisweilen helfen, und andere, die uns bisweilen schaden. Hier allerdings geht es uns um den Versuch, unsere schwankenden Gefühlsregungen zu bezwingen. Wir sollten über die Relativität des Freund-Feind-Gegensatzes nachdenken, um die Macht gefühlsbedingter Reaktionen zu vermindern. Wir können dann leichter die großen Vorteile erkennen, die das liebevolle Besorgtsein um andere – das Tor zur Erlangung aller guten Eigenschaften – mit sich bringt. Wir werden dann ganz natürlich für das Wohl anderer arbeiten wollen, und die Gleichgültigkeit, die wir vorher anderen gegenüber empfanden, läßt sich jetzt auf unser eigenes Wohlergehen richten. Die starke gefühlsmäßige Bindung, die in der Vergangenheit normalerweise mit unserem eigenen Wohl gekoppelt war, läßt sich nun auf andere übertragen.

Wenn wir gründlich nachdenken, können wir erkennen, daß selbst das Erreichen unserer eigenen Erleuchtung in großem Maße von anderen abhängt. Ohne das Üben der drei Schulungen – in ethischem Verhalten, Meditation und Weisheit – können wir keinesfalls das Nirwana erreichen. Die Übung der drei Schulungen beginnt mit dem ethischen Verhalten, etwa dem Gelöbnis, nicht zu töten. Wenn es keine anderen empfindenden Wesen gäbe, wie könnten wir es da unterlassen, sie zu töten? All diese Übungen hängen vom Beitrag anderer ab. Kurz, unmittelbar seit Beginn unserer Empfängnis im Mutterschoß bis zum heutigen Tag sind wir gänzlich auf die Güte und den Beitrag anderer angewiesen. Ein Tibeter würde ohne den Beitrag von Tieren, etwa der Jak-Kuh, keinen tibetischen Tee trinken können. Auf Milch hat das Kalb ein natürliches Anrecht, aber wir nehmen sie weg und machen Butter daraus. Ohne den Beitrag anderer Wesen hätten wir diese Dinge nicht. Das gleiche gilt für Unterkunft und Nahrung und vor allem für Ruhm. In dieser modernen Welt könnte niemand ohne die Tätigkeit von Journalisten berühmt werden. Selbst wenn eine Person laut herumbrüllt, wird sie auf diese Art nicht berühmt werden.

Wir stellen fest, daß schon unser bloßes Weiterleben von anderen abhängig ist. Das gilt in der Welt, und es gilt auf dem Pfad: Alles hängt von dem Beitrag und der Güte anderer ab. Wenn wir uns also gedanklich an solchen Grundsätzen orientieren, wird die Erinnerung an die Güte anderer ein größeres Gewicht für uns gewinnen. Ich gebe oft den Hinweis, daß man, wenn man gern selbstsüchtig sein möchte, dies auf sehr intelligente Art sein sollte. Die törichte Art, selbstsüchtig zu sein, ist ebenjene, von der unser Verhalten immer geprägt war: Wir trachten nur nach unserem persönlichen Glück und geraten dabei Schritt für Schritt innerlich immer tiefer ins Elend. Die intelligente Art, selbstsüchtig zu sein, besteht darin, für das Wohl anderer zu arbeiten, weil man dabei allmählich zu einem Buddha wird.

Damit wir uns von dem Bestreben, um anderer willen ein Buddha zu werden, niemals lösen, auch in künftigen Leben nicht, müssen wir bestimmte Formen der Schulung auf uns nehmen. Präziser gesagt: Wir sollten auf die vier negativen Handlungen verzichten und die Ausübung der vier tugendhaften Handlungen auf uns nehmen, die mit dieser Schulung des Verzichts gekoppelt sind.

Die erste negative Handlung besteht darin, den eigenen

spirituellen Meister zu täuschen, vor allem, indem man lügt. Die zweite negative Handlung besteht darin, einen Dharma-Gefährten, der über seine vergangenen tugendhaften Handlungen kein Bedauern empfindet, durch eigene Äußerungen dazu zu veranlassen, ein solches Bedauern zu entwickeln. Die dritte negative Handlung besteht darin, Bodhisattvas, Wesen, die Bodhichitta entfaltet haben, zu kränken, indem man sie herabsetzt und beschimpft. Wir neigen sehr dazu, ebendiese negative Handlung zu begehen, weil es durchaus schwerfällt zu beurteilen, wer ein Bodhisattva ist und wer nicht. Wir sollten sehr darauf achten, dies zu vermeiden. Im Sutra von der Vollkommenheit der Weisheit wird die Gefahr erläutert, die im Entstehenlassen von Wut liegt. Wenn einem bewußt wird, daß man gegenüber einem Bodhisattva die Beherrschung verloren hat, ist es sehr wichtig, dies unverzüglich zu bereuen und Mittel zur Läuterung der eigenen negativen Handlung anzuwenden, mit dem festen Vorsatz, sich künftig nie mehr derartigen Handlungen hinzugeben. Das größte Hemmnis in der Entfaltung von Mitgefühl und Streben nach Erleuchtung ist der Haß gegen andere. Die vierte negative Handlung besteht darin, andere ohne jeden Gewissensskrupel zu täuschen, vor allem indem man die eigenen Fehler verheimlicht und vorgibt, auf einer hohen Stufe der Verwirklichung zu stehen.

Die vier tugendhaften Handlungen sind das Gegenstück zu den vier obengenannten. Die erste besteht darin, niemals irgendein lebendes Wesen anzulügen. Es gibt einige wenige Ausnahmefälle, in denen man möglicherweise lügen muß, um den Dharma oder andere Menschen zu schützen, aber sonst sollte man vermeiden, irgend jemanden zu belügen. Die zweite tugendhafte Handlung besteht darin, redlich zu sein, und die dritte besteht darin, die Bodhisattvas, die andauernd für das Wohl anderer arbeiten, zu loben und größte Hochachtung vor ihnen zu haben. Da es, wie gesagt, sehr schwerfällt einzuschätzen, wer ein Bodhisattva ist und wer nicht, ist es sicherer, gegenüber allen empfindenden Wesen ein starkes Gefühl des Respekts zu entwickeln, immer anerkennend über sie zu sprechen und ihre positiven Eigenschaften zu loben. Die vierte tugendhafte Handlung besteht darin, andere zu ermahnen, auf die Erlangung der Buddhaschaft, den Zustand vollständiger Erleuchtung, hinzuarbeiten.

KAPITEL 10

DIE BODHISATTVA-TATEN

Die Entfaltung des Strebens nach Bodhichitta ist zwar schon an sich sehr bemerkenswert und selbst eine tugendhafte Handlung,

aber damit allein läßt sich die eigene Zielsetzung, die Buddhaschaft zu erlangen, nicht voll verwirklichen. Es ist wichtig, sich auf die Praxis der Bodhisattva-Taten einzulassen. Diese als die sechs Vollkommenheiten bezeichneten Taten bilden den fundamentalen und umfassenden Pfad zur Erleuchtung, da sie Methode und Weisheit in sich vereinigen. Der Buddha selbst sagte, daß Bodhisattvas kraft ihrer Weisheit alle Verblendungen aufgeben, daß sie aber kraft ihrer mitfühlenden Methode niemals empfindende Wesen aufgeben. Diese zwei Aspekte des Pfades sollte man stets in ihrer Einheit und nicht gesondert auf sich nehmen. Die gesamte Praxis des Bodhisattva wird in die sechs Vollkommenheiten aufgegliedert; es sind dies Freigebigkeit, sittliches Verhalten, Geduld, Anstrengung, Konzentration und Weisheit.

Um die Wünsche anderer zu erfüllen, ist es sehr wichtig, sich in Freigebigkeit zu üben, und die Freigebigkeit selbst sollte durch die lautere Wahrung der Sittlichkeit verstärkt werden, indem man sich enthält, anderen Schaden zuzufügen. Die sittliche Praxis selbst sollte durch das Üben von Geduld vervollständigt werden, denn man sollte Schaden, der einem von anderen zugefügt wird, mit Nachsicht begegnen. Um sich in solchen Praktiken zu üben, muß man energische Anstrengungen einsetzen. Ohne Konzentration wird die eigene Übung nicht wirkungsvoll sein. Und ohne Weisheit, die die wahre Beschaffenheit der Phänomene durchschaut, wird man nicht imstande sein, andere auf dem zur Erlangung der Erleuchtung führenden Pfad richtig zu leiten. Ich werde jetzt die sechs Vollkommenheiten eingehender erläutern.

Freigebigkeit

Freigebigkeit ist eine Haltung der Bereitschaft, ohne einen Anflug von Geiz seine eigenen Besitztümer, seinen Körper, seine Tugenden und so fort wegzugeben. Man gibt die eigenen Besitztümer und das eigene Vermögen weg, und die durch deren Weggabe angesammelten Tugenden sollte man gleichfalls dem Wohle anderer zur Verfügung stellen. Die Vollkommenheit der Freigebigkeit beinhaltet nicht, daß die Armut aller lebenden Wesen ausgerottet wird; sie ist die höchste Entwicklungsstufe einer freigebigen Haltung. Die Texte betonen, wie wichtig es sei, eine Haltung der Freigebigkeit zu entwickeln, vor allem in bezug darauf, anderen seinen eigenen Körper zu geben. Der physische Körper an sich ist voller Fehler und Mängel, aber mit diesem Körper kann man große Ziele verwirklichen, indem man ihn dazu verwendet, anderen zu helfen, anstatt egoistisch auf seinem Besitz zu beharren. Dasselbe gilt für deine Besitztümer. Wenn du egoistisch auf dem Besitz deiner Habe beharrst, wirst du aufgrund deines Geizes weitere nicht-tugendhafte Handlungen ansammeln. Aber wenn du deine Besitztümer an andere weggibst, werden sie einem Zweck dienen; gleichzeitig steigert dies deine Übung der Freigebigkeit. Die Tugendvorräte, die du so durch das Weggeben deiner Habe an andere ansammelst, sollten ebenfalls deren Wohl gewidmet werden.

Wenn du die Übung der Freigebigkeit auf diese Weise auf dich nimmst, indem du deine Besitztümer, deinen Körper und deine Tugendvorräte weggibst, dann wird, wie es heißt, das Verdienst, das du speicherst, unermeßlich sein. Daher solltest du nicht egoistisch auf dem Besitz deiner Habe beharren, noch solltest du darauf hinarbeiten, immer mehr davon zu horten, weil sich Besitztümer als Hindernis für deine Übung der Freigebigkeit erweisen werden. Der Buddha gab seine Besitztümer und seine Habe zum Wohle anderer weg und erreichte den Zustand vollkommener Erleuchtung. Nachdem du eingesehen hast, wie sinnlos es ist, egoistisch auf dem Besitz deiner Habe zu beharren, solltest du deinen Sinn für Freigebigkeit steigern und in die Tat umsetzen, indem du anderen deine Besitztümer gibst. Jemand, der einsieht, wie sinnlos es ist, egoistisch auf dem eigenen Besitz zu beharren, und seine Habe aus dem lauteren Wunsch, anderen zu helfen, weggibt, wird als ein Bodhisattva bezeichnet. Wenn du deinen Körper und deine Besitztümer und Tugendvorräte dem Wohl anderer gewidmet hast und trotzdem selbst von ihnen Gebrauch machen willst, mußt du dies mit der Einstellung tun, daß du sie dir von anderen – und wiederum nur zum Wohle anderer – ausleihst.

Beim Üben der Freigebigkeit sollte ein festes und entschlossenes Streben nach Erleuchtung dein Beweggrund sein. Alles, was du gibst, sollte anderen nützlich sein. Die Übung der Freigebigkeit sollte man zum Wohle anderer auf sich nehmen, und man sollte sie auf sehr einsichtsvolle Art realisieren, nämlich mit dem Verständnis, daß letztlich kein Ich oder Selbst vorhanden ist, um zu geben oder zu nehmen. Die Übung der Freigebigkeit sollte dem Wohle anderer gewidmet sein, aber sie sollte auch mit dem versehen sein, was als sublime Lauterkeit bezeichnet wird, womit gemeint ist, daß gleichzeitig auch die anderen fünf Vollkommenheiten wirksam sein sollten. Wenn man zum Beispiel anderen den Dharma gibt, sollte man die moralische Stärke haben, nicht in eine selbstsüchtige Haltung zu verfallen, und man sollte auch die Geduld haben, die während der Übung des Pfades auftretenden Nöte zu ertragen. Die Freigebigkeit ist in drei Arten unterteilt: das Geben des Dharma, das Geben von Furchtlosigkeit oder Schutz und das Geben von materiellem Besitz.

Die innere Zielsetzung, mit der du Freigebigkeit üben solltest, besteht in dem Wunsch, um anderer willen Erleuchtung zu erreichen. Wenn du dich faktisch als Gebender betätigst, sollte deine Einstellung gegenüber den Personen, denen du gibst, nicht von Mitleid geprägt sein. Du solltest die Betreffenden als eine Quelle großer Güte ansehen, die zu deinem Vorwärtskommen in der Übung des Dharma beiträgt. Obwohl du keine Unterschiede machen solltest, mußt du insbesondere jenen deine Aufmerksamkeit zuwenden, die materiell arm sind, sowie jenen, die außerordentlich leiden. Kurz, sooft du das Geben übst, solltest du in jedem Fall auf die guten Eigenschaften der Betreffenden achten und davon sprechen, aber niemals von ihren Fehlern. Deine Haltung sollte nicht von einem Wunsch nach Belohnung oder Ruhm beeinflußt sein oder von der Hoffnung, etwas als Gegenleistung zu bekommen. Und nachdem du etwas gegeben hast, solltest du auf keinen Fall bereuen, dich von diesem Besitz getrennt zu haben. Versuche, die Freude am Geben zu steigern, und scheue niemals vor Situationen zurück, in denen du möglicherweise gezwungen bist, unter vollem körperlichem Einsatz etwas wegzugeben.

Um deinen Sinn für Freigebigkeit zu steigern und zu entfalten, solltest du zu Beginn kleine Besitztümer weggeben. Bei fortschreitender Übung wird dies dazu führen, daß du schließlich auch nicht das leiseste Gefühl der Besorgnis oder des Vorbehalts hast, deinen eigenen Körper wegzugeben. Es heißt, der eigene Geisteszustand hänge immer von dem ab, womit man vertraut ist. Wenn wir beispielsweise eine Sprache lernen, beginnen wir zuallererst mit dem Alphabet. Anfangs scheint es sehr schwierig zu sein. Wenn man uns zu diesem Zeitpunkt eine komplexe Grammatik an die Hand gäbe, wäre das nicht hilfreich. Aber wenn wir auf verständige Art mit dem Alphabet beginnen, wird am Ende auch die komplexe Grammatik sehr einfach erscheinen. Wenn wir uns dementsprechend darin schulen, unsere materiellen Besitztümer wegzugeben, dann wird es uns später ganz natürlich erscheinen, uns sogar von unserem eigenen Körper zu trennen.

Du solltest es nicht hinausschieben, etwas wegzugeben, noch abwarten, bis die betreffende Person etwas Gutes tut. Du solltest nicht die eine Gabe geben, obwohl du versprochen hast, eine andere zu geben; und du solltest, wenn du etwas gibst, nicht deine eigene Güte herausstreichen, um beim Empfänger das Gefühl zu erwecken, daß er dir Dank schuldet. Wenn du etwas weggibst, solltest du dies aus Lust und Freude und mit einem liebenswürdigen Ausdruck tun. Du solltest selber Freigebigkeit üben und auch andere ermuntern, dies zu tun, um so anderen zu helfen, gleichfalls einen Sinn für Freigebigkeit zu entwickeln. Alles, was anderen auf kurze Sicht schadet und auf lange Sicht Leiden und Unglück bewirkt, ist als Gabe ungeeignet. Alles, was sowohl auf kurze wie auch auf lange Sicht Glück bewirkt, ist zum Weggeben an andere geeignet.

Wenn man das Geben des Geschenks der Lehren übt, sollte man zuerst das Naturell des Zuhörers untersuchen, um zu ermitteln, ob er oder sie aus der Lehre, die man zu geben beabsichtigt, Nutzen ziehen wird. Andernfalls könnte sie sich für diese Person letztendlich nachteilig auswirken, anstatt ihr zu helfen, und der betreffende Zuhörer verliert dann möglicherweise das Vertrauen zum Dharma. Außerdem sollte man Jägern keine Geschenke machen, die sie zur Tötung von Tieren verwenden könnten, noch sollte man ihnen Techniken zum Einfangen von Tieren beibringen. In manchen Fällen stellt sich heraus, daß die Verweigerung heilsamer ist als das Geben. In solchen Situationen sollte der Bodhisattva feinfühlig vorgehen.

Wenn du dich von irgend etwas nicht trennen kannst, solltest du über die Nutzlosigkeit materieller Besitztümer nachdenken und dir auch über die Unbeständigkeit deines eigenen Lebens klar werden. Früher oder später wirst du dich von diesen Besitztümern trennen müssen, also ist es besser, jetzt die eigenen Besitztümer wegzugeben und den Geiz loszusein, anstatt in seiner Gewalt zu sterben. Denk dir: »Ich erdulde die Qualen des Leids im Existenzkreislauf nur deshalb, weil ich mich mit der Einstellung, meine Besitztümer wegzugeben, nicht vertraut gemacht habe. Von jetzt an muß ich meine Einstellung ändern und einen Sinn für Freigebigkeit entwickeln.« Male dir zu diesem Zweck innerlich alle möglichen wundervollen Besitztümer aus, und stell dir vor, daß du sie anderen gibst.

Sittliches Verhalten

Die zweite Vollkommenheit ist das sittliche Verhalten. Sittlichkeit ist ein Geisteszustand, in dem man bewußt darauf verzichtet, sich auf irgendeine Situation oder irgendein Geschehen einzulassen, die sich für andere als schädlich erweisen würden. Die Vollendung der Sittlichkeit ist erreicht, wenn man in höchstem Grade die Verhaltensnorm entwickelt hat, anderen nicht zu schaden. Zur Sittlichkeit gehören hier zehn Aspekte, die dem Verzicht auf die zehn nicht-tugendhaften Handlungen entsprechen. Sittlichkeit ist wie ein kühler Regen, der das in dir brennende Feuer des begehrlichen Anhaftens, des Hasses und der Wut auslöscht. Nicht-Anhaften, Nicht-Haß und richtige Anschauung sollten die Zielsetzung sein, mit der du dich in sittlichem Verhalten üben solltest. Die Wahrung lauterer Sittlichkeit sollte von der Furcht vor den Konsequenzen beeinflußt sein, die du zu tragen hast, wenn du dich negativen Handlungen hingibst, deren negative Auswirkungen bereits erläutert wurden. Die Wahrung der Sittlichkeit ist wie ein schönes Juwel, das jedem gut steht, unabhängig von Größe, Gewicht, Alter und Nationalität. Materieller Schmuck mag an der einen Person schön aussehen, aber nicht an einer anderen, wohingegen der Schmuck sittlichen Verhaltens an allen Übenden schön aussieht, unabhängig von deren physischer Erscheinung.

Mit der Wahrung der Sittlichkeit wirst du dir innerhalb der menschlichen Gemeinschaft ganz natürlich Respekt verschaffen. Unter dem Einfluß sittlichen Verhaltens wirst du mit Menschen auf angemessene und tugendhafte Weise umgehen, und du wirst davor geschützt sein, dich negativen Handlungen hinzugeben. In den Sutras heißt es, daß selbst der Staub des Bodens, auf dem ein Mensch von lauterer

Sittlichkeit wandelt, ein Gegenstand der Verehrung sei; so überragend ist der große Vorzug sittlichen Verhaltens. Bei der Wahrung lauterer Sittlichkeit solltest du dich in deiner inneren Zielsetzung nicht darauf beschränken, dich davor zu schützen, auch nur ansatzweise negative Handlungen zu vollziehen, sondern auch anderen ein Beispiel geben, so daß sie ebenfalls vor dem Schaden negativer Handlungen geschützt werden können.

Geduld

Geduld ist ein Geisteszustand, in dem man angesichts der Schäden, die einem von anderen zugefügt werden, nachsichtig ist. Es gibt drei Arten von Geduld. Die erste besteht darin, nicht durch von anderen zugefügte Schäden aus der Fassung zu geraten; die zweite besteht darin, freiwillig Leid auf sich zu nehmen; und die dritte besteht darin, die mit der Übung des Dharma verbundenen Leiden zu ertragen. Es ist sehr wichtig, darüber nachzudenken, welche großen Vorzüge und Vorteile es mit sich bringt, Geduld zu haben. Jene, die keinerlei Übung in Geduld unternommen haben, werden zum Zeitpunkt des Todes von einem heftigen Gefühl der Zerknirschung wegen der negativen Handlungen gepackt werden, die sie im Lauf ihres Lebens begingen, wohingegen jene, die sich in Geduld geübt und von anderen zugefügte Schäden ertragen haben, an der Schwelle des Todes keinerlei Gefühl der Zerknirschung haben werden. Das wirksamste Gegenmittel gegen die Haltung, sich von den anderen abzuwenden, ist das Üben von Geduld.

Geduld schützt den Übenden auch vor dem Schaden, der durch die Wut zugefügt wird. Es heißt, daß schon ein momentaner Wutimpuls, der sich gegen einen Bodhisattva richtet, den ganzen Vorrat an verdienstvoller Tugend zunichte machen kann, den man möglicherweise über tausend Weltzeitalter hinweg angesammelt hat. So schützt dich die Geduld vor Entmutigung, wenn dich andere verletzen, und sie beschützt dich auch vor Umständen, unter denen deine eigene Wut die ganze Ansammlung deiner Tugenden zunichte machen würde. Sie ist ein Schmuck, den die anderen bewundern, sie ist der Panzer, der dich vor deinem eigenen Zorn und vor dem Schaden, der von anderen zugefügt wird, beschützt.

Wenn du die Geduld verlierst, hat dies unmittelbar zur Folge, daß du auch deine Gemütsruhe, deine Geistesgegenwart verlierst. Die Menschen, die um dich sind, werden nicht beglückt sein, denn aufgrund der Wut verbreitest du eine schlechte Atmosphäre um dich. Wut und Haß zerstören dein Urteilsvermögen, und anstatt jemandes Güte zu erwidern, verfällst du auf erbärmliche Vergeltungsmaßnahmen. Selbst wenn du möglicherweise materielle Annehmlichkeiten genießt, wirst du, sofern du von angestauter Wut und heftigem Haß erfüllt bist, nicht im mindesten an irgend etwas Spaß haben, weil du andauernd innerliche Qualen ausstehst. Gib dir, von dieser Einsicht ausgehend, große Mühe bei diesem Üben von Geduld, und versuche, die Wut loszuwerden.

Sobald dich jemand verletzt, solltest du nicht die Beherrschung verlieren und es ihm heimzahlen, sondern dir klarmachen, daß die betreffende Person keinerlei Kontrolle über ihre Gefühle hat. Sie tut es nicht absichtlich, sondern unter dem Einfluß negativer Gefühlsregungen. Wenn jemand in Wut gerät und dir Schaden zufügt, so rührt das hauptsächlich daher, daß er oder sie dem andauernden Einfluß der Verblendungen ausgesetzt ist. Anstatt die Beherrschung zu verlieren, solltest du Mitleid und Mitgefühl entwickeln. Die Sache ist ganz einfach die: Wenn Individuen ihre Gefühlsregungen unter Kontrolle hätten, würden sie einen anderen überhaupt nicht verletzen, weil Glück das Ziel ist, das sie erstreben. Sie würden nicht durch das Ansammeln von negativem Karma, das seine Ursache darin hat, daß man andere verletzt, an ihrem eigenen Niedergang arbeiten. Weil sie ihre Gefühlsregungen nicht unter Kontrolle haben, ist es sinnlos, ihnen gegenüber aus der Haut zu fahren.

Du solltest genau untersuchen, ob Wut und Haß und Böswilligkeit Grundzüge des Menschen sind oder nicht. Wenn Wut ein Grundzug des Menschen ist, so wie Hitze der Grundzug des Feuers ist, dann kann man sie unmöglich überwinden, und es ist sinnlos, Vergeltung zu üben, wenn man verletzt wird. Wenn Wut hingegen kein Grundzug des Menschen, sondern nur eine unwesentliche Eigenschaft ist, dann ist es ebenfalls sinnlos, ihr gegenüber die Beherrschung zu verlieren und Vergeltung zu üben, denn was eigentlich den Schmerz zufügt, ist das von der Person benutzte Werkzeug, etwa ein Stock oder ein Knüppel. Wir sollten gegenüber diesen Werkzeugen die Beherrschung verlieren statt gegenüber der betreffenden Person, was wir in Wirklichkeit freilich nicht tun. Eben daran, daß wir gegenüber unbelebten Objekten wie etwa Knüppeln nicht die Beherrschung verlieren, sollten wir uns orientieren und versuchen, uns zu beruhigen, und grundsätzlich nicht aus der Haut fahren. Versuche vielmehr, nach der tieferen Ursache der Schädigung zu forschen. Du wirst entdecken, daß es deine eigenen karmischen Handlungen sind, von dir in der Vergangenheit verübte Handlungen, die die betreffende Person veranlaßt haben, dich zu verletzen. Daher solltest du, wenn du schon die Beherrschung verlierst und Vergeltung üben willst, dies gegenüber deinen Verblendungen und negativen Handlungen tun. Es ist sinnlos, gegenüber anderen die Geduld zu verlieren. Nur unsere Verblendungen sind es, die bewirken, daß wir mit solchen Umständen und Leiden konfrontiert werden.

Wenn ich die Beherrschung verliere und mit einer Vergeltungsmaßnahme auf irgendeine geringfügige Leiderfahrung reagiere, die zu ertragen ich nicht fähig bin, werde ich negative Handlungen ansammeln, die in der Zukunft weitreichende Konsequenzen zeitigen werden. Ich sollte mich statt dessen der Person gegenüber, die mich verletzt hat, zu Dank verpflichtet fühlen, weil sie mir Gelegenheit gegeben hat, meine eigene Geduld auf die Probe zu stellen. Anstatt die Beherrschung zu verlieren und Vergeltung zu üben, sollten wir den Menschen, die uns verletzen, dankbar sein. Wenn wir geschlagen werden, ist der Schmerz zu gleichen Teilen die Folge des Schlags und unserer eigenen Leiblichkeit. Ohne den Körper würden wir physisches Leid nicht erfahren. Wenn wir schon wütend werden, dann sollten wir auch auf unseren eigenen Körper wütend werden.

Das Üben von Geduld ist sehr wichtig für das Überwinden von Unwillen und Mißgunst angesichts des Erfolgs und Glücks anderer. Wir sollten darüber hocherfreut sein, daß wir nicht für das Wohl aller arbeiten müssen, sondern daß es einigen möglich ist, selber für ihr Wohlergehen zu arbeiten. Wenn wir eine solche Leistung sehen, sollten wir beglückt und hocherfreut sein. Wir müssen das Gefühl der Genugtuung überwinden, das wir verspüren, wenn wir den Niedergang unserer Gegner oder Rivalen sehen, und sollten uns wegen des Erfolgs unseres Feindes nicht aufgebracht oder deprimiert fühlen. Unser Groll verletzt nicht nur die betreffende Person, sondern veranlaßt uns auch dazu, weitere nicht-tugendhafte Handlungen anzusammeln, die unseren künftigen Niedergang verursachen werden.

Normalerweise widerfährt uns im Leben meist mehr Leid als Glück. Es ist sehr wichtig, daß man diese ganzen Leiderfahrungen im direkten Zusammenhang mit der Förderung unserer Ausübung des Dharma sehen lernt. Wenn wir Geduld entwickelt haben, und zwar in dem Sinn, daß wir freiwillig Leiden auf uns nehmen, werden wir zwar möglicherweise außerstande sein, das Leid anderer rein körperlich zu übernehmen, aber wir werden trotzdem unser Urteilsvermögen nicht verlieren. Schon im normalen Leben können zwei Menschen an derselben Krankheit leiden, aber aufgrund des Unterschieds zwischen ihren jeweiligen Einstellungen und Betrachtungsweisen leidet die eine Person mehr, weil sie nicht über die richtige Einstellung verfügt, um mit der Situation fertig zu werden, während die andere Person leichter mit der Situation fertig wird und die zusätzliche geistige Bedrängnis und Qual vermeiden kann. Wir sollten nicht vergessen, daß es sinnlos ist, sich Sorgen zu machen, wenn sich eine Situation nicht ändern läßt. Wenn sich die Situation ändern läßt, ist es genauso sinnlos, sich deswegen Sorgen zu machen; dann sollten wir einfach auf ihre Veränderung hinarbeiten.

Wenn uns kein Leid widerfährt, werden wir nicht den Wunsch haben, Befreiung aus dem Leidenskreislauf zu erlangen. Das ist der einzige positive Aspekt des Leidens. Wie könnte man ohne Leid das innere Erlebnis der Entsagung haben? In diesem Zusammenhang ist es wichtig, über die Tatsache nachzudenken, daß wir seit anfangsloser Zeit bis zum heutigen Tag andauernd diesen Kreislauf von Leid und Qual erdulden und dabei keinen Augenblick unsere selbstsüchtigen Beweggründe aufgeben, sondern uns ständig an unseren Eigendünkel klammern und für unsere eigenen egoistischen Endzwecke arbeiten. Jetzt aber sollten wir einsehen, wie wichtig es ist, diese Haltung zu ändern und zu versuchen, für das Wohl anderer zu arbeiten. Wenn wir uns dabei dem Leid stellen müssen, werden wir es aushalten können, ohne das Urteilsvermögen zu verlieren und ohne über solche Erfahrungen deprimiert zu sein. Es gibt keine Erfahrung, die nicht durch andauernde Vertrautheit am Ende erträglich wird. Im Verlauf des Pfades Leiden auszuhalten – daran können wir uns durchaus gewöhnen.

Es ist sehr wichtig, in der eigenen Zielstrebigkeit entschieden und tapfer und unbeirrbar zu sein. Wenn Helden in der Schlacht ihr eigenes Blut sehen, werden sie nur noch entschlossener, anstatt demoralisiert zu sein und den Mut zu verlieren; es dient ihnen als Antrieb, noch mutiger zu kämpfen. Ebendiese Art Einstellung sollten sich Bodhisattvas zu eigen machen, wenn sie auf Situationen treffen, in denen sie Leiden durchmachen müssen. Wir sollten im Verlauf unserer Übung das Leid schlechter physischer Verhältnisse ertragen. Wir sollten die Unannehmlichkeiten ertragen, die uns von Menschen bereitet werden, die uns beleidigen oder gegen uns auftreten. Wir müssen das Leid unserer eigenen Krankheit und unseres Alterns erdulden. Diese Leiden sollten uns nicht erdrücken; wir sollten fähig sein, sie zu ertragen. Wir sollten gewillt sein, die Nöte zu ertragen, die mit einem Leben verbunden sind, das der Übung des Dharma geweiht und dem höchsten Wohl aller empfindenden Wesen gewidmet ist. Wir sollten niemals die Kraft unserer Anstrengung verlieren und kontinuierlich unsere Übung fortsetzen, ohne jemals wegen der Begleitumstände aufgebracht zu sein. Auf diesem festen Fundament der Geduld können wir unsere künftige Verwirklichung des Pfades errichten.

Anstrengung

Die nächste Vollkommenheit ist die Anstrengung. Anstrengung ist der Geisteszustand, in dem man große Freude an tugendhaften Handlungen hat. Er dient als das Fundament für Übungen, mit deren Hilfe wir vermeiden, in niedere Existenzbereiche zu fallen. Es heißt, er sei der Wegbereiter aller tugendhaften Handlungen. Wenn du über Anstrengung verfügst, werden deine Studien und Übungen zur Gänze gelingen, weil du kein Gefühl des Überdrusses oder der Entmutigung haben wirst. Es heißt, wenn man über vollkommene Anstrengung verfügt und mithin frei von jedem Gefühl der Entmutigung und Unzulänglichkeit ist, gebe es kein Ziel, das man nicht erfolgreich realisieren könnte. Wenn man hingegen durch Trägheit gelähmt ist, wird man keinerlei Fortschritte in der Weisheit oder irgendeiner anderen Übung machen. Ein Mangel an Anstrengung führt zum Niedergang, nicht nur in diesem Leben, sondern ebenso auf lange Sicht.

Der Panzer der Anstrengung befähigt dich, im Verlauf deiner Arbeit für das Wohl anderer jede Form von Leid und Not zu ertragen. Er beschützt dich vor Entmutigung und Depression, sobald du mit Härten konfrontiert wirst. Deine Anstrengung sollte so beschaffen sein, daß du, wenn du unzählige Weltalter lang in der Hölle wiedergeboren werden müßtest, bloß um damit die Wünsche eines einzigen Individuums zu erfüllen, gewillt wärest, dies zu tun. Um die für das Ansammeln von Tugend erforderliche Anstrengung zu erlangen, muß man zuerst das identifizieren, was die Anstrengung behindert – die Trägheit. Es gibt drei Arten von Trägheit: die Trägheit der Unlust, die in dem Wunsch besteht, das hinauszuschieben, was man zu tun hat; die Trägheit der Minderwertigkeit, die in dem Gefühl besteht, nicht fähig zu sein, etwas zu tun; und die Trägheit, die in dem begehrlichen Hang zu negativen Handlungen besteht oder darin, sich mit großer Energie der Nicht-Tugend zuzuwenden. Um die Trägheit zu überwinden, mußt du über die Tatsache nachdenken, daß die Übung des Dharma günstige Auswirkungen hat. Du mußt auch die Schädlichkeit und Nutzlosigkeit durchschauen, die darin liegt, sich bloß mit sinnlosem Geplauder und ähnlichem abzugeben. Sinnloses Geplauder und das fortwährende Abgelenkt- und Gefesseltsein durch die weltliche Lebensweise stellen die größten Hemmnisse für ein Vorwärtskommen in unserer Praxis dar. Um das Gefühl der Minderwertigkeit zu überwinden, mußt du über die Tatsache nachdenken, daß alle Buddhas der Vergangenheit mittels der natürlichen Gabe der Anstrengung Erleuchtung erlangt haben. Ursprünglich waren sie keine Buddhas, sondern gewöhnliche Wesen wie wir. Aber weil sie sich in der Übung des Dharma mächtig anstrengten, waren sie fähig, das Endziel zu erreichen. Die Überwindung unseres Mangels an Selbstvertrauen hängt von unserer Einsicht ab, daß wir, um Buddhaschaft zu erlangen, bereit sein müssen, ein Opfer zu bringen. Wenn wir feststellen, daß wir noch nicht bereit sind, eine derartige Anstrengung zu unternehmen, uns nämlich von unseren Besitztümern zu lösen, dann sollten wir einsehen, daß wir früher oder später gezwungen sein werden, uns von diesen Besitztümern, ja selbst von unserem Körper zu lösen. Anstatt uns von ihnen zum Zeitpunkt des Todes unwillentlich lösen zu müssen, dann, wenn damit überhaupt niemandem geholfen wäre, sollten wir sie weggeben. Durch die Kraft unserer Freigebigkeit können wir zumindest einen gewissen Nutzen aus ihnen ziehen. Gerade so, wie man bei einer akuten Erkrankung diejenigen physischen Schmerzen ertragen muß, die einem die Ärzte durch ihre Injektionen auferlegen, ist es um der

Überwindung des großen Leidens, der Geißel des Existenzkreislaufs, willen erforderlich, auf dem Pfad zur Erleuchtung ein gewisses Ausmaß an Not und physischem Schmerz zu ertragen.

Wir sollten uns nicht durch die Tatsache deprimiert fühlen oder entmutigen lassen, daß wir, um Erleuchtung zu erlangen, unzählige Weltalter lang riesige Mengen an Verdienst und Weisheit ansammeln müssen. Die zentrale Zielsetzung, unter der wir versuchen, Erleuchtung zu erlangen, ist das Wohl aller empfindenden Wesen. Die Zahl empfindender Wesen ist grenzenlos, und deren Leiden sind unermeßlich. Die Arbeit an der Befreiung all dieser unzähligen Wesen aus ihren unermeßlichen Leiden gestaltet sich zwangsläufig als langwieriger und beschwerlicher Prozeß. Wir müssen bereit sein, in seinem Verlauf einige Opfer zu bringen. Ein Bodhisattva ist ein Wesen, das aufgrund des Mitgefühls, der Liebe und des Erbarmens, die es allen leidenden empfindenden Wesen entgegenbringt, nicht das leiseste Gefühl des Bedauerns oder der Niedergeschlagenheit verspürt, wenn es Leid und Not durchstehen muß. Es ist noch niemals vorgekommen, daß jemand ohne ein gewisses Maß an Selbstvertrauen etwas erreicht hätte. Wenn wir hingegen den gehörigen Mut entwickeln und die nötige Anstrengung aufbringen, werden sich sogar Dinge, die vorher möglicherweise kompliziert und schwierig erschienen, als sehr einfach und leicht herausstellen.

Wenn du dich an eine Unternehmung wagst, ist es zuallererst sehr wichtig, die Sachlage einzuschätzen, sie genau zu untersuchen und zu erkennen, ob du damit zu Rande kommen wirst oder nicht. Falls du feststellst, daß die Unternehmung dein gegenwärtiges Können oder Leistungsvermögen übersteigt, ist es besser, einen Rückzieher zu machen und zu warten, als zu versuchen, sich gleich in sie zu stürzen, um sie dann halb fertig abzubrechen. Aber sobald du dich einmal zu ihr entschlossen hast, solltest du sie nicht halb fertig abbrechen, sondern ganz zu Ende bringen.

Es heißt, für das Gelingen einer Unternehmung, an die man sich gewagt hat, sei Selbstvertrauen eine wichtige Voraussetzung. Dieses Selbstvertrauen hat keinerlei negative Begleiterscheinungen; es ist eine schlichte Variante von Mut. Dein Selbstvertrauen muß so beschaffen sein, daß du bereit bist, alles allein zu tun, ohne dich auf den Beitrag oder die Hilfe anderer zu verlassen. Du solltest denken, daß alle anderen empfindenden Wesen infolge des Einflusses von Verblendungen nicht die Kraft oder Fähigkeit haben, für sich selbst zu arbeiten. Du solltest auf dein eigenes Gefühl vertrauen, daß du die Schädlichkeit der Verblendungen erkannt hast, daß du es dir nicht gestatten wirst, unter dem Einfluß von Verblendungen zu bleiben, daß du die Kraft und die Fähigkeit hast, für das Wohl anderer zu arbeiten. Du solltest innerlich überzeugt sein, daß du niemals unter den Bann von Verblendungen geraten, sondern ihnen immer entgegentreten und sie bekämpfen wirst. Wenn du einen Rückzieher machst, kann dich schon der geringfügigste Schaden zugrunde richten. Wenn eine Schlange im Sterben liegt, verhalten sich selbst Krähen wie Geier.

Du solltest auch die Fähigkeit zur Freude herausbilden. Jedesmal, wenn du dich auf diese Übungen einläßt, ist es sehr wichtig, daß dein Tun stets von der Fähigkeit zur Freude begleitet ist. Die Grundstimmung der Freude und des Vergnügens an deiner Übung sollte ganz dem Vergnügen entsprechen, das Kinder an ihren Spielen haben. Diese Fähigkeit, Freude oder Vergnügen an der Übung des Dharma zu finden, verhindert es, daß du dich mit unbedeutenden Errungenschaften zufriedengibst. Gleichzeitig solltest du die Fähigkeit zur Entspannung nicht vernachlässigen.

Wenn du dich in deiner Übung anstrengst und dich müde und erschöpft fühlst, ist es wichtig, daß du dich entspannst, um dich daraufhin erfrischt und aufgeladen und zur Weiterführung der Übung bereit zu fühlen. Andernfalls wird physische Erschöpfung Depressionen verursachen. Es heißt, daß die Kraft der Anstrengung wie ein Strom sein sollte, anhaltend und unaufhörlich.

Wenn du die Kraft der Anstrengung einsetzt, solltest du nicht nur versuchen, die Gegenfaktoren zu bekämpfen, die du zu überwinden trachtest, sondern auch gleichermaßen dich davor zu schützen, andere negative Handlungen zu begehen. Wenn du zum Beispiel damit beschäftigt bist, die Unwissenheit zu überwinden, und dich dauernd anstrengst, die Unwissenheit zu identifizieren und zu bekämpfen, läßt du möglicherweise andere Verblendungsarten völlig außer acht und sammelst letztendlich andere nicht-tugendhafte Handlungen an wie etwa das begehrliche Anhaften. Wenn einem Krieger das Schwert entgleitet, hebt er es sofort und ohne zu zögern wieder auf. Dementsprechend solltest du, wenn du die Kraft der Anstrengung einsetzt, ständig auch die Kraft der Achtsamkeit anwenden, damit du nicht dem Einfluß anderer negativer Geisteszustände unterliegst.

Achtsamkeit sollte im Verlauf deiner Anstrengung als Hauptfaktor für deinen Schutz vor den anderen Verblendungen dienen, denn selbst die geringfügigsten negativen Handlungen können schwerwiegende Folgen haben. Wenn du von einem kleinen Giftpfeil getroffen wirst, mag die Wunde zwar winzig sein, aber das Gift durchdringt deinen ganzen Körper und tötet dich schließlich. Alle negativen Geisteszustände haben ein derartiges Potential in sich. Manche mögen nicht besonders bedrohlich erscheinen, aber diese Gefühlsregungen enthalten allesamt ein derartiges Potential. In deiner Wachsamkeit solltest du einer Person

gleichen, die man dazu zwingt, ein randvolles Glas Milch vor sich her zu tragen, unter Androhung des Todes für den Fall, daß ein einziger Tropfen verschüttet wird. Natürlich würde diese Person sich hüten, irgend etwas zu verschütten. Deine Wachsamkeit bei der Übung des Dharma sollte genauso gewissenhaft sein.
Unter diesen Umständen ist es sehr wichtig, die negativen Handlungen, die du in der Vergangenheit verübt hast, zu bereuen und den festen Vorsatz zu fassen, sich ihnen nie mehr hinzugeben. Dies wird dich ständig daran erinnern, nie die Kraft der Achtsamkeit zu verlieren. So wie eine Feder vom Wind getragen wird, sollten dein Körper und dein Geist von der Anstrengung und Freude gestützt werden, mit denen du das Dharma übst.

Konzentration

Konzentration ist der Geisteszustand, in dem man sich in punktförmiger Sammlung auf ein verdienstvolles Ziel ausrichtet. Unser normaler Geisteszustand ist durch Zerstreutheit geprägt. Unser gewöhnlicher Geist ist zu unkontrolliert und schwach, um das Wesen der Wirklichkeit begreifen zu können. Und es ist unbedingt erforderlich, das Wesen der Wirklichkeit zu begreifen, wenn wir irgend jemanden, uns selbst oder andere, aus den Leiden des Kreislaufs von Leben und Tod befreien wollen. Es ist daher notwendig, den Geist zu einem für die Erforschung der Wirklichkeit geeigneten Werkzeug, das einem starken Mikroskop vergleichbar ist, auszubilden. Wir müssen den Geist zu einer Waffe machen, die wie ein scharfes Schwert die Wurzel des Leidens abtrennt. Konzentration ist die Übung, durch die der gewöhnliche, zerstreute, unkontrollierte Geist in dem Maße herangebildet wird, daß er wirkungsvoll, ohne Mühe und punktförmig gesammelt auf jedem beliebigen Objekt verweilen kann. Grundlage der Konzentrationsübung sollte Bodhichitta sein.

Tsong-kha-pa sagt, daß unser Geist seit dem Anfang der Zeit unter dem Einfluß von Verblendungen steht. Die Aufgabe der Konzentration liegt darin, Kontrolle über den eigenen Geist zu gewinnen, so daß man ihn auf jedes beliebige verdienstvolle Ziel lenken kann. Bis jetzt stehen wir unter dem Einfluß unseres Geistes, der wiederum unter dem Einfluß von Verblendungen steht. Ebendarum geben wir uns immer wieder negativen Handlungen hin. Demzufolge müssen wir ungewollte Leiden erdulden. Um diesen Teufelskreis der Leidensursachen und Leidensbedingungen im Wiedergeburtskreislauf zu durchbrechen, müssen wir unseren Geist umwandeln und Kontrolle über ihn gewinnen. Der Geist sollte, einem Pferd vergleichbar, eher zu tugendhaften als zu nicht-tugendhaften Tätigkeiten hingelenkt werden. Wir sollten den Geist also nicht einfach aufs Geratewohl in tugendhafte Handlungen hineintrotten lassen.

Um deine Meditation erfolgreich zu gestalten, mußt du sie mit einer gewissen Kontrolle in systematischer Weise durchführen. Sonst mag sich dir zwar anfangs zufällig eine klare innere Schau auftun, aber solange sie nicht angemessen kontrolliert wird, ist sie nicht sehr hilfreich. Du wirst die schlechte Gewohnheit entwickeln, den Geist schweifen zu lassen, wohin er will. Sobald du hingegen wirkliche Fortschritte machst, solltest du imstande sein, deinen Geist leicht und mühelos auf jedes gewünschte Ziel zu richten. Bis du dieses Stadium erreichst, ist es wichtig, die richtige Reihenfolge einzuhalten, so wie man für ein Gebäude erst das richtige Fundament legen muß, wenn man stabile Mauern errichten will. Du solltest gleich von Anfang an einen Arbeitsplan haben, und du solltest schon vorher entscheiden, in welchem Umfang du Meditation üben möchtest. Während der eigentlichen Meditation selbst solltest du fähig sein, mit der nötigen Achtsamkeit und Selbstprüfung dein Augenmerk darauf zu richten, ob dein Geist gerade zu anderen Themen hin abgelenkt wird oder nicht.

Es heißt, daß es am Anfang besser sei, kürzere Sitzungen durchzuführen, denn wenn man die Sitzung sehr lange ausdehnt, besteht die Gefahr, daß man unter den Einfluß innerlicher Erschlaffung oder Erregung gerät. Wenn du eine lange, zwei- oder dreistündige Sitzung durchführst, dann bringst du zwar die Zeit damit zu, doch wenn dein Geist unter den Einfluß innerlicher Erschlaffung oder Erregung gerät, wird deine Meditation nicht so wirksam sein, wie sie sollte. Außerdem ist es wichtig, erst einmal mit kurzen Sitzungen anzufangen, damit man an den Meditationen Freude hat, wenn man sie durchführt. Falls man nämlich eine lange Sitzung durchführt und sie einem nicht behagt, besteht die Gefahr, daß einen das Ganze eher abschreckt. Wenn man das nächste Mal sein Meditationskissen sieht, wird man ein Gefühl des Überdrusses oder Widerstrebens verspüren. Führt man hingegen kurze Sitzungen durch, dann wird man beim Fortsetzen seiner Meditation wirklich Vergnügen daran finden, weil der starke Eindruck der vorhergehenden Sitzung noch nicht verblaßt sein wird.

Welche Rolle spielt der Schlaf für die spirituelle Praxis? Es ist wichtig, nicht tagsüber oder während des ersten und letzten Abschnitts der Nacht zu schlafen. Die Menschen aus dem Westen haben eine seltsame Angewohnheit. Sie gehen abends sehr spät zu Bett und stehen morgens sehr spät auf. Sofern dazu eine besondere Veranlassung besteht, ist das eine andere Sache, aber soweit dies nicht zutrifft, ist es besser, früh zu Bett zu gehen und früh aufzustehen. Es heißt, der Schlaf sei ein wandelbarer geistiger Faktor. Wenn man beim Einschlafen einen tugendhaften Gedanken hat, dann wird einem, wie es heißt, der ganze Schlaf in tugendhaftes Denken verwandelt. Eine bestimmte Zeitspanne lang müssen wir uns zur Ruhe begeben; versuche daher zuvor, einen tugendhaften Denkinhalt, etwa das Mitgefühl, zu entwikkeln; dann wird dein ganzer Schlaf tugendhaft sein.

Richtiger Schlaf stärkt tatsächlich deinen Körper und erhält deine physische Gesundheit aufrecht, was dir in deiner spirituellen Praxis von Nutzen sein wird. Wenn du dem indischen Brauch folgst, solltest du dir vor dem Schlafengehen die Füße waschen. Ich vermute aber, daß viele tibetische Meister sich wegen der Kälte nicht an diesen Brauch gehalten haben. Es heißt, daß man wie ein Löwe auf der rechten Seite liegend schlafen sollte. Das Schlafen in dieser Stellung hat, wie es heißt, viele Vorteile, zum Beispiel den, daß sich dein Körper nicht übermäßig entspannt; auch wenn du einschläfst, wirst du nicht die Kraft der Achtsamkeit verlieren; du wirst in keinen sehr tiefen Schlaf fallen; und du wirst keine schlimmen Träume haben.

Wenn du zu Bett gehst, solltest du versuchen, dir eine Lichterscheinung vorzustellen, damit du nicht während des Schlafs dem Dunkel der Unwissenheit ausgesetzt bist. Du solltest auch von Achtsamkeit und Selbstprüfung und dem Wunsch durchdrungen sein, früh aufzustehen. Laß, um vor dem Einschlafen achtsam zu sein, einfach die Tätigkeiten des Tages Revue passieren, oder gehe in Gedanken deine Meditationen durch. Wenn dir das gelingt, wirst du, selbst wenn du schläfst, nicht die Kontrolle verlieren. Dein Schlaf wird tugendhaft sein, und damit nicht genug: Es wird auch möglich sein, tugendhafte Gedanken zu fassen. Wem du aufwachst, wirst du mental wach sein, aber da die Ebenen des Sinnesbewußtseins[15] ihre Macht noch nicht wiedererlangt haben, kannst du bisweilen einen sehr klaren Geisteszustand haben. Wenn du ihn dann zu analytischen Übungen gebrauchst, wird er wirklich sehr effektiv sein. Daher solltest du dich entschlossen darauf einstellen, zu einer bestimmten Zeit aufzuwachen, und leicht schlafen, wie es die Tiere tun. Durch die Kraft dieses Entschlusses wirst du fähig sein, ganz wie geplant aufzuwachen. Tsong-kha-pa sagt: Wenn du die Tätigkeiten Essen und Schlafen richtig zu gebrauchen vermagst, kannst du sie in eine tugendhafte Richtung dirigieren, und viele negative Handlungen werden verhütet werden.

Tsong-kha-pa sagt, es sei sehr wichtig, sich klarzumachen, daß es zwei Arten von Meditation gibt, die stabilisierende und die analytische, und daß der letzteren, also der Anwendung der analytischen Kraft des Geistes, besondere Bedeutung zukomme. Die Gold- und Silberschmiede beispielsweise machen ihr Gold und Silber erst einmal verarbeitbar, indem sie es erhitzen und waschen und reinigen und sonst noch alles mögliche unternehmen; und so können sie es dazu verwenden, Schmuck in den vielfältigsten Formen zu gestalten. Dementsprechend ist es wichtig – um die primären und die sekundären Verblendungen zu überwinden –, zunächst einmal über die Mängel und die zerstörerische Eigenart von Verblendungen nachzudenken und darüber, wie sie negatives Handeln auslösen; wie der einzelne infolge dieses Handelns im Wiedergeburtszyklus kreist. All dies muß durch das Anwenden der analytischen Kraft klarsichtiger Weisheit begriffen werden, und erst dann können wir hoffen, die feste Entschlossenheit zur Übung des Dharma zu erlangen. Diese analytischen Prozesse gleichen allesamt einleitenden Maßnahmen, die den Geist darauf vorbereiten, aus der Hauptkraft der Meditation Nutzen zu ziehen. Nachdem du das richtige Fundament gelegt und deinen Geist durch solche analytischen Prozesse fruchtbar gemacht hast, kannst du jede Meditation durchführen, egal, ob sie sich mehr auf innere Stille oder auf Einsicht bezieht.

Wenn wir meditieren, sollten wir ein Ziel vor Augen haben; wir sollten uns anstrengen. Diese Anstrengung wird dadurch entfaltet, daß man einen Zweck erkennt, und der Zweck unserer Meditation sollte verstanden werden. Je besser dein Verständnis des Zwecks ist, desto engagierter wirst du in deiner Praxis sein. Tsong-kha-pa sagt: Ob einem alle Schriften wie ein persönlicher Ratschlag vorkommen oder nicht, hängt weitgehend davon ab, ob man erkennen oder nicht erkennen kann, wie unerläßlich und wichtig es ist, sowohl die analytische als auch die stabilisierende Meditation zu üben. Er sagt, es sei sehr bedauerlich, daß die Menschen im allgemeinen nicht nur mangelhaft studierten, sondern daß selbst jene, die mannigfaltigste Studien betrieben hätten, sobald sie sich tatsächlich ernsthaft der Praxis widmeten, ihre ganzen Studien beiseite ließen und sich gänzlich mit dem rein Nicht-Begrifflichen begnügten. Das ist wirklich sehr bedauerlich. Wenn du nicht versuchst, die analytische Kraft des Geistes zu erkunden, und bloß andauernd auf die stabilisierende Meditation festgelegt bleibst, dich mithin schlicht an das Nicht-Begriffliche hältst, wird deine Intelligenz immer schwächer, und das Vermögen, in klarsichtiger Weisheit zwischen Richtig und Falsch zu unterscheiden, wird immer schwächer. Das ist sehr gefährlich.

Weisheit

Weisheit analysiert das Wesen der Phänomene. Es gibt viele verschiedene Arten von Weisheit, wie etwa die fünf Wissenschaften: die innere Wissenschaft der Religion und die vier äußeren Wissenschaften der Logik, Heilkunde, Grammatik und der Künste. Hier spreche ich von der inneren Wissenschaft. Diese Weisheitsform ist das Fundament aller guten Eigenschaften. Ohne die Leitung der Weisheit glichen alle anderen Vollkommenheiten, etwa Freigebigkeit und sittliches Verhalten, einer Gruppe Menschen ohne Führer. Ohne die Kraft der Weisheit wird das Üben der anderen Vollkommenheiten nicht zu dem ersehnten Ziel, der Erlangung von Erleuchtung, führen. Es heißt, die Weisheit sei im Vergleich zu anderen Fähigkeiten, etwa dem Glauben, der Achtsamkeit, der Anstrengung und so fort, bedeutsamer, denn allein durch ebendiese Kraft der Weisheit kann man, sobald sie von den anderen Fähigkeiten ergänzt wird, wirklich die Macht der Verblendungen bekämpfen. Die anderen Vollkommenheiten, etwa Freigebigkeit und sittliches Verhalten, sind in beträchtlichem Maße auf die Verwirklichung der Weisheit angewiesen.

Die Macht der Weisheit gleicht der eines mächtigen Königs. Wenn ihn sehr fähige und intelligente Minister unterstützen, wird er keine Fehler begehen. Gleicherweise sind scheinbar widersprüchliche Befindlichkeiten, etwa wenn man von inniger Liebe und tiefem Mitgefühl durchdrungen ist und dabei dennoch nicht von Anhaften und Begierde befleckt wird, der Einwirkung der Weisheit zu verdanken. Mit Weisheit wird dein Verhältnis zu anderen, obwohl du ihnen gegenüber tiefes Mitgefühl und innige Liebe entwickelst, nie von Begierde und Anhaften beeinflußt sein. Wenn du über die Kraft der Weisheit verfügst, wirst du nicht zu einem extremen philosophischen Standpunkt übergehen, also weder das autonome Bestehen der Dinge noch den Nihilismus[16] verfechten.

Das Hindernis für Weisheit ist Unwissenheit, und der ausschlaggebende Umstand, der die Unwissenheit fördert und sie steigert, ist das andauernde Schwelgen in sinnloser Zeitvergeudung, etwa aus reiner Trägheit oder indem man zuviel schläft. Unwissenheit entsteht auch dadurch, daß man kein Vergnügen oder keine Freude an der Kraft der Weisheit findet. Das Verfahren zur Überwindung dieser Unwissenheit besteht darin, das eigene Wissen durch Studium zu erweitern. Für jene, die ernsthaft an der Übung des Dharma interessiert sind, ist es wichtig, sich klarzumachen, daß die Weisheit, die das Wesen der Phänomene erkennt, der Hauptgrund für das Erlangen von Erleuchtung ist.

Wenn sich jemand ausschließlich mit dem Lehren und nicht mit dem Üben befaßt, braucht er sich kein umfangreiches Wissen anzueignen; aber es wäre vorteilhafter, wenn Leute dieser Art den Mund hielten, anstatt zu lehren. Für einen ernsthaft Übenden sind Lernen und Kontemplation gleichermaßen wichtig. Die Fortschritte, die du in deiner Praxis machst, sollten deinem Wissenszuwachs in bezug auf den Dharma gleichkommen. Da wir dieses kostbare Menschendasein erhalten haben und mit einem vielschichtigen Intellekt ausgestattet sind, müssen wir von seinen besonderen Vorzügen Gebrauch machen und das Vermögen anwenden, über das einzig und allein wir verfügen: die Kraft, zwischen Richtig und Falsch zu unterscheiden. Dies geschieht, indem wir unser Verständnis erweitern. Je mehr du dein Wissen erweiterst, desto besser wird dein Verständnis sein.

Wenn du das Erlangen von Weisheit anstrebst, ist es sehr wichtig, daß du deine Weisheitsübung niemals von den übrigen Vollkommenheiten trennst. Ein Übender, der das

Erlangen von Erleuchtung anstrebt, muß tatsächlich sechs Vollkommenheiten verwirklichen. Wir können uns vom persönlichen Beispiel des Buddha Anregung holen. Er unterzog sich zunächst strengen Bußübungen und erduldete im Verlauf des Pfades große Leiden. Schließlich wurde er unter dem Bodhibaum ein Erleuchteter und lehrte andere, was er selbst verwirklicht hatte. Nun fällt es uns freilich anfangs sehr schwer, uns gleich ganz der Übung der sechs Vollkommenheiten hinzugeben; es ist zunächst einmal entscheidend, Bewunderung für sie zu entwickeln und unser Verständnis von ihnen zu erweitern. Dies wird uns schließlich zur wahren Praxis führen, die es uns ermöglicht, Freiheit von den Bedrängnissen des Existenzkreislaufs zu erlangen und uns der Wonne vollkommener Erleuchtung zu erfreuen.

Anhang zur deutschen Übersetzung

Zur Transkription und Aussprache der Sanskrit-Ausdrücke

Der Text des Dalai Lama verwendet durchgehend die vereinfachte Umschrift des Sanskrit, wie sie in dem für nicht sanskritkundige Leser bestimmten buddhistischen Schrifttum großenteils üblich ist.
Die in bezug auf das Deutsche wichtigsten Ausspracheabweichungen sind: ch (dt.: tsch), j (dt.: dsch), sh (dt.: sch) und v (dt.: w). Auf das in der Fachliteratur übliche Dehnungszeichen (Querstrich) über langen Vokalen wurde bewußt verzichtet, um den Text möglichst lesbar und klar zu halten.

Anmerkungen

Die Anmerkungen beschränken sich auf für das Verständnis wichtige Begriffe bzw. Namen, die im *Weg zur Freiheit* weder direkt erläutert noch durch den weiteren Kontext erhellt werden.

1 Das Mantra, wörtlich »Schutz des Geistes«, ist eine spirituell aufgeladene Silbe oder Silbenfolge, also eine Art »Mikrogebet«, das sich, insbesondere als Namensmantra, im vielfach wiederholten Rezitieren an göttlich geläuterte, transzendente Bodhisattvas bzw. Buddhas richtet und ihren Segen, ihre vervollkommnende Einflußnahme auf den Sprechenden erbittet. Der tibetische Buddhismus macht das Mantra zu einem integralen Bestandteil der meditativen Praxis: Es dient bei der tantrischen Umwandlung von Körper, Rede und Geist dazu, im jeweiligen Rezitationsakt die normale Rede/Sprache auf die höchste Wirklichkeit hin zu transzendieren.

2 Das Prajnaparamita-Sutra, eine der wichtigsten Textsammlungen des Mahayana-Buddhismus (siehe Anm. 9

u. 14), umfaßt ca. 40 Einzelsutras, die alle die Realisierung der intuitiven Weisheit (Prajna) zum Gegenstand haben und deren ältester und bedeutendster Kerntext, *Die Vollkommenheit der Weisheit in achttausend Zeilen,* im 1. Jh. v. Chr. verfaßt wurde.

3 Die 547 Jatakas, wörtlich »Geburtsgeschichten«, enthalten im Sutra-Pitaka (»Korb der Lehrgespräche«), der Sammlung der kanonisch dem Buddha Shakyamuni zugeschriebenen Lehrreden, berichten von früheren Existenzen des Religionsstifters sowie seiner Anhänger und Feinde. Hauptthema ist der karmische Kausalnexus zwischen Handeln und Verhalten in früheren Leben und den Bedingungen und Gegebenheiten des gegenwärtigen Daseins.

4 Ein Lama, wörtlich »Oberer«, ist im tibetischen Buddhismus ein religiöser/spiritueller Meister, also der indischen (Sanskrit-)Bezeichnung nach ein »Guru«; er verkörpert in Reinform die buddhistische Doktrin und kann als Abt eines oder mehrerer Klöster fungieren und auch über politische Macht verfügen. Der Titel *Rinpoche* (wörtlich »Überragend Kostbarer«) wird einem spirituell hochqualifizierten Lama verliehen. Der *Dalai Lama* (wörtlich »Ozean-Lama«) ist das religiöse (und eigentlich auch politische) Oberhaupt des tibetischen Buddhismus (Lamaismus); ihm kommt die spirituelle Qualität/Autorität eines Lama in höchstem Ausmaß zu.

5 Zum Ehrentitel »Rinpoche« siehe Anm. 4.

6 Von den ca. fünfzig transzendenten oder göttlich geläuterten Bodhisattvas des Mahayana-Buddhismus (siehe Anm. 9 u. 14) ist Avalokiteshvara, wörtlich »Der Herr, der herabschaut«, der bedeutendste. Seine zentrale Eigenschaft ist das grenzenlose Erbarmen. Es gibt 130 unterschiedliche Erscheinungsformen des Avalokite-

shvara. Seit dem Großen Fünften Dalai Lama (1617 bis 1682) gilt der Dalai Lama bei den Gläubigen als Inkarnation des Avalokiteshvara (tibetisch: Chenresi). Vgl. auch Anm. 8.

7 Das Rad des Dharma, das Dharma-Chakra, ist im Buddhismus das Sinnbild für die vom Buddha verkündete Lehre. Er »drehte es dreimal«, d. h., seine Lehre gliedert sich in drei Teile:
1. die Vier Edlen Wahrheiten;
2. den Achtfachen Pfad (die vierte der Vier Edlen Wahrheiten), den zur Beendigung führenden Pfad; dieser umfaßt die acht Praxisaspekte, nämlich vollkommene Erkenntnis, vollkommener Entschluß (zu Entsagung, Güte und Nichtschädigung der empfindenden Wesen), vollkommene Rede, vollkommenes Handeln, vollkommener (andere nicht schädigender) Lebenserwerb, vollkommene Anstrengung, vollkommene Achtsamkeit und vollkommene Sammlung des Geistes (Konzentration);
3. den Mittleren Weg (Madhyama-Pratipad), die Vermeidung aller Extreme, d. h. auf lebenspraktischer Ebene die Vermeidung von leiblich-sinnlichen Genüssen einerseits und von Askese oder Selbstkasteiung andererseits; auf philosophischer Ebene die Vermeidung eines ontologischen Realismus (der Konzeption der inhärenten Existenz/Seinsweise der Phänomene) einerseits und eines ontologischen Nihilismus (der Konzeption des letztlich illusionären Charakters oder der Nicht-Existenz der Phänomene) andererseits.

8 Mit dem Mantra (siehe Anm. 1) OM MANI PADME HUM, wörtlich »Om – Juwel im Lotos – Hum«, wird der transzendente, göttlich geläuterte Bodhisattva Avalokiteshvara (siehe Anm. 6) angerufen. Das Mantra nimmt zum einen Bezug auf das höchste Wirkliche, das allem

Seienden innewohnt (vgl. auch Anm. 13), zum anderen auf das Juwel, das der vierarmige Avalokiteshvara zwischen den aneinandergelegten inneren Handflächen hält. Dieses wird mit dem Bodhichitta (Erleuchtungsgeist) identifiziert, den der Übende im Lotos des eigenen Bewußtseins herausbilden soll.

9 »Fahrzeug« bezeichnet im Buddhismus generell einen Teilbereich der buddhistischen Lehre, der wie ein Vehikel die Last spiritueller und existentieller Befreiung zu tragen vermag: entweder die Last der Befreiung des religiösen Individuums aus dem Daseinskreislauf (sie wird vom »Kleinen Fahrzeug«, dem Hinayana, getragen) oder die Last der vom religiösen Individuum übernommenen Verantwortung für das Wohl und die Erlösung aller zahllosen empfindenden Wesen überhaupt (sie wird vom »Großen Fahrzeug«, dem Mahayana, getragen).

Das »Sutra-Fahrzeug« ist im tibetischen Buddhismus der allgemeine Teil des Mahayana (vgl. auch Anm. 14); das »tantrische Fahrzeug«, auch »Geheimes-Mantra-Fahrzeug« oder »Diamantenes Fahrzeug« genannt, ist der nicht-allgemeine, im strengen Sinne esoterische Teil des Mahayana. Das Üben des Dharma-Pfades ist somit prinzipiell gleichbedeutend mit der Praxis des Mahayana.

10 Alle dem »langfristigen Wohl« dienenden spirituellen Übungen, also auch die Übungen des »Diamantenen« oder »tantrischen Fahrzeugs« (siehe Anm. 9), werden im tibetischen Buddhismus als »Yoga«, wörtlich »Ins Joch des Göttlichen spannen«, und die sie Vollziehenden werden als »Yogi« bezeichnet. Das höchste Yoga-Tantra ist also die höchste, Körper und Geist gleicherweise extrem beanspruchende Ausübung des esoterischen Mahayana.

11 Manjushri, wörtlich »Der Lieblich-Schöne«, ist der transzendente, göttlich geläuterte Bodhisattva der Weisheit und Wissenschaft, dessen ikonographische Attribute ein flammendes Schwert und das Buch der höchsten Mahayana-Weisheit sind. Sein Wirken besteht in der Beseitigung des Dunkels der Unwissenheit und der Erweckung der analytischen Urteilskraft sowie des Gedächtnisses.

12 Der Stupa, wörtlich »Haarknoten«, ist ein spezifisch buddhistischer Sakralbau, der sich strukturell aus runden Begräbnishügeln entwickelt hat. Er birgt entweder Reliquien buddhistischer Heiliger oder sakrale Bildnisse, Schriften etc. Aus der Sicht des tibetischen Buddhismus spiegelt der Stupa (tibet.: Chörten) in seinem charakteristischen dreigliedrigen Aufbau Körper, Rede und Geist des Buddha wider.

13 Leere oder Leerheit, Shunyata, ist ein zentraler Begriff des Mahayana-Buddhismus (siehe Anm. 9 u. 14) und bezeichnet die letztgültige Bestehensweise alles Existierenden, nämlich die Abwesenheit eines den konkreten Phänomenen unabhängig innewohnenden Seins, einer inhärenten Existenz. Die Leerheit an inhärenter Existenz und die Selbst-losigkeit sind onthologisch gleichbedeutend. Damit aber ist die Leere oder Leerheit logischerweise das allen empirischen Erscheinungen inhärente Absolute. Die innerste, wahre Natur der Daseinsformen ist mit diesem Absoluten eins und birgt potentiell die Erlösung, das Nirwana, in sich.

14 Das Mahayana, das »Große Fahrzeug« (siehe Anm. 9), entfaltete sich als explizites System im 1. Jh. v. Chr., und in ebendieser Form entwickelte sich der Buddhismus – unter der Herausbildung unterschiedlicher Schulen – im Verlauf der Jahrhunderte zu einer Weltreligion. Der vorliegende Text des Dalai Lama stellt die für den tibe-

tischen Buddhismus zentralen Aspekte des Mahayana – seiner Lehre und seiner Praxis – aus der Sicht der von Nagarjuna (2. Jh. n. Chr.) begründeten Schule des Mittleren Weges dar (siehe Anm. 7).

15 Nach der Lehre des Buddha ist das Sinnesbewußtsein sechsfach gegliedert. Sechs Wahrnehmungsorganen oder »Grundlagen« – dem Auge, dem Ohr, der Nase, der Zunge, dem Tastsinn und dem Organ für die nichtstofflichen Gegebenheiten, dem intellektuellen Bewußtsein (Manas) – sind entsprechende Wahrnehmungsobjekte zugeordnet; aus der konkreten Zuordnung von Wahrnehmungsobjekt und Wahrnehmungs-»Grundlage« entsteht das sechsfach differenzierte Sinnesbewußtsein. Und durch die Korrelierung dieser drei Größen entsteht jeweils subjektiv die Welt.

16 Siehe dazu Anm. 7 u. 13.

Theodora Lau · Chinesische Astrologie

Die Autorin beschreibt anschaulich die zentralen Bausteine der chinesischen Astrologie. Das Buch ist ein kompaktes und leichtverständliches Einführungsbuch, das sich auch als Nachschlagewerk hervorragend eignet. (86210).

Howard Sasportas · Astrologische Häuser und Aszendenten

Durch seine umfassende Aszendenten-Analyse, unterstützt von zahlreichen Abbildungen, verhilft es all denen zu einem vertieften Verständnis, die zwar nicht ihr exaktes Horoskop, aber doch ihren Aszendenten kennen. Mit einem Vorwort von Liz Greene. (86144)

Knaur
MensSana

Martin Boot · Das Horoskop

Die in dem Buch enthaltenen Interpretationen stützen sich auf die überlieferten empirischen Erkenntnisse der Astrologie in Verbindung mit modernen psychologischen Erkenntnissen. Eine ausführliche Anleitung, die Wege zur Selbsterkenntnis eröffnet. (86145)

Linda Goodman · Star Signs Sternzeichen

Ein Standardwerk, das es jedem Menschen ermöglicht, durch astrologische Berechnungen die eigenen Kräfte zu entdecken. Denn die Kenntnis von Star Signs hilft bei der Lösung von persönlichen Problemen und kritischen Lebenssituationen. (86141)